运动员心理健康管理手册

姒刚彦　等　著

北京体育大学出版社

策划编辑：赵海宁
责任编辑：郝　彤
责任校对：李光源
版式设计：谭德毅

图书在版编目（CIP）数据

运动员心理健康管理手册 / 姒刚彦等著. -- 北京：北京体育大学出版社, 2023.3
ISBN 978-7-5644-3822-7

Ⅰ. ①运… Ⅱ. ①姒… Ⅲ. ①运动员—体育心理学—手册 Ⅳ. ①G804.87-62

中国国家版本馆CIP数据核字（2023）第054044号

运动员心理健康管理手册
YUNDONGYUAN XINLI JIANKANG GUANLI SHOUCE
姒刚彦　等　著

出版发行：北京体育大学出版社
地　　址：北京市海淀区农大南路1号院2号楼2层办公B-212
邮　　编：100084
网　　址：http://cbs.bsu.edu.cn
发 行 部：010-62989320
邮 购 部：北京体育大学出版社读者服务部 010-62989432
印　　刷：三河市龙大印装有限公司
开　　本：710mm×1000mm　1/16
成品尺寸：170mm×240mm
印　　张：8
字　　数：134千字
版　　次：2023年3月第1版
印　　次：2023年3月第1次印刷
定　　价：80.00元

本书作者团队

姒刚彦　蒋小波　牛鹏程

张春青　苏　宁　李轩宇

黄志剑　王丹丹　卜丹冉

目录

第一章

中国运动员心理健康管理模式

第一节　中国运动员心理健康管理现状

一、运动员心理健康管理现状

（一）国际上运动员心理健康管理现状

近年来，运动员心理健康问题的普遍性和急迫性逐渐得到愈来愈多的实证支持（Rice et al.，2016），也引发了国际体育界和各类专业组织的高度关注。例如，国际奥林匹克委员会（IOC，以下简称“国际奥委会”）下属的运动员心理健康工作组（Reardon et al.，2019）以及不同的国际专业学术组织，包括国际运动心理学会（ISSP；Schinke et al.，2018）、欧洲运动心理学会（FAPSAC；Moesch et al.，2018）、美国运动医学学会（AMSSM；Chang et al.，2020）和加拿大运动与心理健康中心（CCMHS；Van Slingerland et al.，2019），均呼吁重视运动员的心理健康问题。国际奥委会在2019年发表的《精英运动员心理健康：国际奥林匹克委员会共识声明（2019）》（以下简称《共识声明》）中指出：目前，国际上并无统一的诊断和管理精英运动员心理健康的共识性指引，运动员的心理健康管理必须考虑导致运动员心理健康的各种因素，包括运动员的个人因素和环境因素等（Reardon et al.，2019）。此外，国际奥委会在《共识声明》中还指出，未来有严谨实证支持的，并基于不同文化和社会背景的运动员心理健康服务是必要的。这包括精英运动员的心理健康流行病学调查，运动员心理健康筛查，预防和降低心理疾病对运动员的危害，通过提升运动员的心理健康素养（mental health literacy）来促进运动员寻求帮助的态度和行为。因此，当前所有运动心理学实践者共同面临的一个重大挑战是如何建立一个系统和有效的运动员心理健康管理模式。具体来讲，这一挑战就是我们应该如何及早发现有心理健康风险的运动员，如何有效地预防运动员心理健康问题的出现，如何干预并缓解运动员的心理健康问题，以及如何提升运动员对心理健康问题的认识和主动寻求专业帮助的态度和行为。

迄今为止，国际上尚未对运动员的心理健康管理模式形成共识。2018 年，欧洲运动心理学会发表了《精英运动员的心理健康问题与服务模式的立场声明》（Moesch et al.，2018）。该声明从专业服务的提供者、支持系统、诊断评估、临床治疗、治疗中的运动表现问题、筛查以及教育系统等方面总结了欧洲六个国家的心理服务模式，并列出了不同国家在相关方面的差异。相对来看，欧洲的部分国家设有较为清晰的运动员心理健康管理的指引，但不同国家之间存在较大差异。与此同时，该声明强调了精英运动员心理健康的管理需要提升运动员的教育水平和寻求帮助的意愿，开展运动领域特定的心理健康筛查和治疗方式，以及需要给运动机构和从业者清晰的指引并提升相互之间的配合程度。加拿大的运动与心理健康中心则通过立场声明的方式阐述了专家团队对精英运动员心理健康原则的看法并计划以此为基础来建立、实施和评估专注于运动员心理健康的护理模式（Van Slingerland et al.，2019）。该声明还强调了运动员在心理健康方面的潜在问题，并提出运动组织和教练员有责任和义务保护运动员的心理健康。重要的是，运动员的心理健康工作是需要发展跨学科的、针对运动领域的综合支持团队以及提供干预和预防计划。进一步，研究者解释了该模式应该是一个合作的心理健康管理模式，包含核心的心理健康管理团队以及扩展的心理健康管理团队。研究者设计了一个六阶段心理健康护理模型，主要包括转介的接收、协调人对个案信息的初步收集、协调人对运动员的自我评估和筛查、合作护理团队的接手、心理健康管理方案的制定与实施、转介分流。其中，转介分流是指在前三个阶段中如果发现不符合心理健康管理接收标准，则随时可以转介至社区或当地相关从业人员。（Van Slingerland，Durand-Bush & Kenttä，2021）。

需要注意的是，欧美精英运动员心理健康管理模式是基于其文化和体育运作系统而提出的，与中国运动员主要在举国体制管理下的训练及竞赛环境有极大的不同。因此，欧美运动员的心理健康管理模式并不适用于中国运动员，我们需要探索一套适合中国竞技体育体制的运动员心理健康管理体系。

（二）中国运动员心理健康管理现状

截至 2021 年底，相对于中国精英运动员的人群数量与专业规模，该群体的心理健康管理工作和实证研究明显不足。更需要关注的是，在国家级和省级训练基地里，已明确开展运动员心理健康管理工作的数量很少，即使有开展心理健康筛查也主要是来自外部学术研究的推动（如大学研究课题），而非训练基地内部制度的驱动。此外，运动员“心理健康素养教育”（mental health literacy education）在各个基地几乎没有开展。上述这些不足固然与目前各训练基地的资源配置有关，但更主要的还是与人们的认识和重视程度有关。

自 2020 年上半年起，各国家级及省级训练基地普遍采用了长期全封闭措施，也引发了人们对精英运动员心理健康的强烈关注。当我们在某省训练基地对运动员心理健康开展筛查工作时，再一次听到这样的质疑——“运动员与普通人群不一样，不能用普通人的心理健康标准来评价运动员”。以我们长年在一线的工作经验和已有的探讨（Si et al.，2021）为基础，我们可以对“运动员与普通人群不一样，不能用普通人的心理健康标准来评价运动员”这个问题，从以下两个互相关联的角度进行分析。

我国体育界内最常见到的一种看法是：“运动员是追求卓越的群体，从精神到身体应该更能承受压力，因此心理‘不正常’的临界标准应该更高。”（姒刚彦，2019）这种看法实际上是一种对职业的误解。科学研究（《中国心理健康蓝皮书》，2019）已告诉我们，一个人的心理健康情况与其工作 / 生存环境紧密相关，而运动员职业生涯是一种典型的高压力职业，超强训练负荷、竞赛压力、身体伤病、生涯终止等多维应激因素使得运动员比普通人群承受更多的心理健康风险。因此，事实上运动员群体可能会更脆弱。国内近期的深入研究（谭亦斌，2014；刘洁洁，2019；燕莉梅，2020）也证实了这一点。另外一种看法是“不能用普通人的心理健康标准来评价运动员”的看法涉及用什么样的指标来评价运动员，甚至有体育界人士认为使用现行的心理障碍 / 疾病评价指标来评价运动员，会“本来没有什么事也被看出问题来”（姒刚彦，2019）。的确，当传统的精神病理学诊断指标被用来评价运动员的心理健康状况时，有可能出现症状被“高估”或“低估”的情况，这是由两分法的性质所决定的（Suldo et al.，2008）。国际运动心理学界对此也一直都存在不同的看法（Schinke et al.，2018；Henriksen et al.，2020a）。在我国，有文化传统和社会价值观两个方面的重要因素在影响着人们的心理健康观念，我们在下面的部分会进一步论述这两个方面因素。我们也认为在运动员心理健康的评价指标上，仅仅采用传统的精神病理学两分法指标是不够的。

儒家文化在主流上是亲挫折的（罗鸣春 等，2010）。《孟子》中的一段论述“故天将降大任于斯人也，必先苦其心志，劳其筋骨……”是典型代表。儒家文化的亲挫折性强调了可控部分的责任性以及不可控部分的宿命论，本质上将困难和挫折等压力事件看作是暂时的并保持积极的态度（景怀斌，2006）。这种要求百折不挠的文化氛围连接为国家、为社会、为家庭争光的价值观，对运动员的影响是根深蒂固的，由此也可以理解为什么精英运动员会被期望能比常人承受更大的压力，然而它在带来积极影响的同时也可能间接地促成了运动员对心理健康问题的回避和污名化。再者，西方人心理健康服务反映了其个人主义价值观；依据《关于加强心理健康服务的指导意见》，中国人心理健康服务目的是“改善公众心理健康水平，促进社会心态稳定和人际和谐，提升公众幸福感”。对于心理健康的不同看法反映了与人们自我观念（如独立性自我与依存性自我）紧密相连的不同文化价值观。这种文化价值观在社会实践中影响着人们的思维与行为，如中国竞技体育的举国体制特征与集体主义价值观会对中国运动员心理健康的认识与管理产生重要的影响。因此，中国运动员心理健康评价体系和管理模式的建立有其社会和文化独特性的一面。

近年来，我国体育行政部门也正在增加对精英运动员心理健康的重视程度。2019 年 4 月，第十三届全国人民代表大会召开，中国运动心理学界通过学术界代表提交了“关于加强精英运动员心理健康体系建设的建议”，获全国人民代表大会常务委员会办公厅受理，交由国家体育总局单独办理。7 月，国家体育总局签发体科字〔2019〕92 号文件（国家体育总局，2020）作为正式答复，承诺在已有工作基础上进一步大力推进运动员的心理健康体系建设的四个方面工作，包括制度规范、评估现状、开展研究、人才建设。这标志着我国运动员的心理健康管理进入了一个历史新阶段。运动员心理健康管理正在逐渐受到更多的关注与重视，如 2020 年 9 月科技部针对 2022 年北京冬奥会颁发的 2021 年度“科技冬奥”重点专项课题申报指南中就明确设定了 “奥运会运动员心理健康保障关键技术”的课题，主要针对奥运会赛前、赛中、赛后有关心理健康指标的监测、评估和干预系统，但其根本日标还是在于保障运动员在赛场上的运动表现。诚然，运动员比赛期间的心理健康状况和临场支持非常重要，但运动员在日常训练中的心理健康管理也尤为重要。所谓预防胜于治疗，运动员在整个全运会或奥运会四年周期里的心理健康管理和心理训练直接决定了大赛赛场上比赛成绩的下限。

在欧美国家运动员心理健康管理体系中，往往有一个核心角色，就是队伍和运动员可以寻求帮助的运动领域精神科医生（sport psychiatrist）。目前，我国虽然有专门的体育医院，但专门的运动领域精神科医生十分缺乏。因此，出现心理症状的运动员中很多人并不知道如何求助，训练基地也普遍缺少一个从初步评估到转介去接受外部医疗机构精神科医生诊断及治疗的渠道。另一个相关社会现状是医疗系统里没有临床心理学家（clinical psychologist），但有与此相应的注册心理咨询师/治疗师（registered psychological counselor/psychotherapist），而实践中的情况是当有需要的运动员去外部医疗机构求诊精神科医生后，极少有人还会由注册心理咨询师/治疗师跟进，通常就会回到训练基地。如何对待这些运动员就成了训练基地管理层和教练员的一个很大挑战。还有一种现实情况就是在面临心理健康危机事件（mental health emergency）时，如人员意外伤亡所引发的群体性心理应激反应，需要训练基地和运动队采取相应规模和强度的心理疏导及辅导。上述种种情况都揭示着当前的一个重要需求：建立起一个我国运动员的心理健康管理体系。具体来看，就是在各训练基地里配置专门负责心理健康的专业人员来协调干预资源和组织开展具体工作。

二、运动员心理健康管理双维度模型

（一）心理健康和心理疾病双维度模型

一些学者在积极心理学的影响下提出了心理健康管理的双维度模型（Geenspoon et al.，2001；Keyes，2005；Suldo，2008），即心理健康的精神病理学（psychopathology）维度与主观幸福感（subjective well-being）维度。该模型主张心理健康不仅仅是心理疾病的缺失，也不仅仅是拥有高水平的主观幸福感，而是一种两者结合的更安全状态。因此，心理健康的积极指标和消极指标作为相互独立但又相互关联的结构，是一对统一体。心理健康双维度模型强调积极预防，主张利用两个维度的分类标准来甄别哪些个体需要通过提高幸福感来积极预防心理疾病的产生，哪些个体需要接受干预。采用心理健康的双维度模型来对运动员的心理健康进行评估及干预目前已受到广泛认可（e.g.，Durand-Bush & Van Slingerland，2021）。从图 1.1 可以理解，该模型中的一个维度表示心理健康的存在或缺失，另一个维度代表心理疾病的存在或缺失。

运动员的心理健康和心理疾病水平可以在图 1.1 所示的四个象限中在不同的时间里在任何点波动。这意味着一个运动员可能患有心理疾病但却处于心盛（flourishing）状态（高心理健康水平），也可能一个运动员没有心理疾病但却正

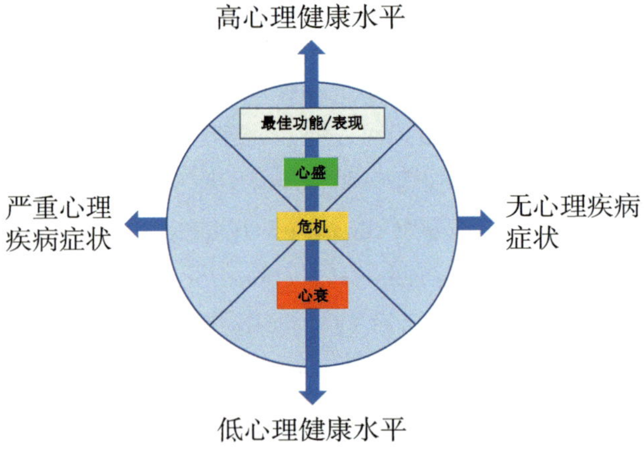

图 1.1　心理健康和心理疾病的双维度模型

在心衰（languishing）状态（低心理健康水平），或者运动员可能有中度的心理健康水平，同时带有或没有心理疾病。运动员的理想状态当然是既处于完全的心理健康状态又没有心理疾病，但一名患有心理疾病的运动员也有可能发挥最佳功能并达到最高的运动表现。重要的是，运动员需要得到有效的支持来实现最佳竞技表现和拥有良好心理状态的双重目标。

当前，在运动领域里，双维度模型中的心理疾病维度已经发展出比较成熟的评估指标，如国际奥委会发展的 SMHAT-1 运动员心理健康的测量工具（Gouttebarge et al.，2021）已有经过检验的中文版，但对心理健康维度的评估指标尚在探讨之中，如主观幸福感指标（Lundqvist et al.，2011）以及心盛指标（Ashfield，2012；Ferguson，2019），都需要进一步发展成熟。发展出具有良好信效度的运动员心理健康维度指标并用于评估和干预工作，也是当前我国运动员心理健康管理课题中的一项重要内容。

总之，将心理健康的双维度模型引入运动情境，其一大特征是可以利用心理健康维度来区分患有心理疾病和 / 或没有心理疾病的运动员的功能水平。我们看到一名处于心盛状态的运动员，即便他 / 她带有某种心理疾病也能发挥较好的功能水平；反之，处于心衰状态的运动员，即便他 / 她没有心理疾病也缺乏良好的功能水平，这就凸显了投入时间和资源来优化运动员心理健康维度的重要性。因此，运动员心理健康管理工作的一个重点就是帮助运动员在心理健康维度上实现和维持高水平，从而促使他们的运动生涯能够持续积极发展，无论他们是否经历过或正在经历某种心理疾病。

（二）提升心理健康和预防 / 治疗心理疾病

已有的研究都证明，具有良好心理健康状态（较高的心理健康维度水平与较低的心理疾病维度水平）的运动员能够比处于较差心理健康状态的运动员更长期地从事竞技运动，保持更稳定的竞技水平，更有可能达到最高竞技状态，以及具有更好的生涯转折（Schinke et al.，2018；Henriksen et al.，2020a，2020b）。总的来说，当运动员需要应对各种运动和非运动的事件以及做出职业生涯决策时，心理健康是一个重要的资源，而缺乏心理健康则成为有效应对和有效决策的障碍。

当我们充分理解心理健康状态在运动员整个职业生涯中的重要功能后，就需要在对运动员进行心理健康管理的基础上，同时开展提升心理健康和预防 / 治疗心理疾病的工作。心理健康双维度模型强调积极性预防，主张利用两个维度的分类标准来甄别运动员的个体需要并确定相应的优先事项和管理目标。在提升运动员心理健康维度方面，可以采用积极心理学中的基于优势的干预，即帮助运动员提升对自身优势和积极预期方面的关注，包括自我接纳、与他人的积极关系、自主性、对环境的掌控、生命意义和个人成长。在预防 / 治疗心理疾病维度方面，可以采用心理健康筛查以及筛查后跟进干预，普及心理健康素养教育，促进求助行为等措施。

运动员的生涯规划安排及相关咨询辅导也与他们的心理健康状态有很强的关联，实施一个良好的生涯规划就是一种利用积极心理维度的力量来抵消消极心理维度影响的长期策略，它也起到了保护和促进运动员退役后的长期心理健康的作用。因此，运动员心理健康的建设性干预的一个重要方面就是与其生涯规划安排相联结，需学习与规划的不仅仅是生涯过程中的价值观与目标，也包括退役转型后的知识与技能的学习和准备，为下一阶段人生提供方向和动力。

第二节　中国运动员心理健康管理模式构建

一、运动员心理健康管理资源

健康的心理状态是精英运动员幸福感和良好运动表现不可或缺的一部分，与其身体健康密不可分。因此，运动员心理健康的评估和管理在日常生活及训练中应该和其他医疗护理一样普遍且容易获得（Reardo et al.，2019）。

综合考虑目前国内外关于运动员心理健康管理的现状和有关共识、我国运动员群体的文化价值观以及举国体制之下的竞技体育所采用的以国家和省级两级专业队为中心，以市、县两级业余体校为基础的“一条龙”训练体制（赫勤，2004），由姒刚彦教授牵头的运动心理学团队基于自身的前期研究和干预经验，提出了以心理健康服务的内容为目标、以国家和省级训练基地为依托的我国精英运动员心理健康管理模式，图 1.2 即该管理模式的建议性架构。其主要服务目标包括以下三个部分：运动员心理健康的常规性筛查；运动员心理健康筛查／诊断后的跟进工作和心理健康紧急情况处理；运动员心理健康素养教育。架构的每个部分以及具体包含内容将在下面逐一讨论。

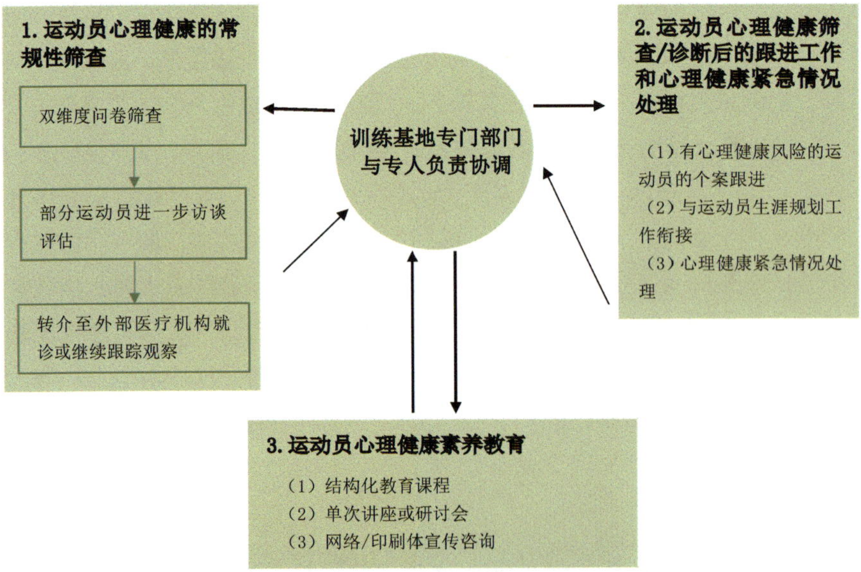

图 1.2　我国精英运动员心理健康管理模式的建议性架构

（一）专门部门和协调人

体育体制是国家有关体育事业的管理体系与制度的总称。而举国体制则是应用于我国竞技体育领域的特殊体育体制，即以国家体育行政机构（1998 年由体委改组为国家体育总局）为中心的管理体制和运行体制（赫勤，2004）。自 20 世纪 80 年代以来，国家体育总局及地方体育行政部门相继设立了与特定训练基地直接挂钩的体育科研机构，以保障竞技体育的发展。《中国统计年鉴2021》显示，截至2020年，全国共有体育科研机构53所，其中国家级和省级共26所、地级27所，相关从业人员1281人，包括体能、营养、生物力学、运动心理等功能组别。此外，在国家级和部分省级训练基地中，还会单独设立本基地的科研管理部门，同样会聘请运动心理或心理咨询专业人员来满足队伍日常训练和比赛的心理需求。因此，与特定训练基地直接挂钩的体育科研机构或者训练基地本身的科研管理部门都可以建立一个专门部门或小组，负责特定训练基地或者本基地的运动员心理健康管理工作。

上述负责运动员心理健康的专门部门可以任命或指定在心理咨询/临床心理方面受过良好训练的专业人员（内部职员或从外部聘请）以协调人的身份负责组织训练基地中的运动员心理健康管理工作。协调人可以由一名或多名心理专业人员组成。有条件的训练基地，甚至可以组建自己的心理健康工作小组专职负责运动员日常心理健康管理工作，实现心理健康管理工作的常态化。协调人或工作小组成员要负责完成心理健康管理模式中三个部分包含的全部工作，如组织常规性心理健康筛查、转介有心理健康症状或障碍的运动员去外部医疗机构就诊、处理心理健康紧急情况、推荐专家参与工作、安排心理健康素养教育等。

（二）转介机制与合作网络

鉴于目前国内并没有专门的运动领域精神科医生，当运动员出现心理健康症状或障碍时，可由基地协调人或其他心理专业人员对其进行必要的心理健康评估，若症状达到临床标准，则需要外部精神科医生（psychiatrist）的介入。根据《2019中国精神医疗行业概览》介绍，国内精神医疗行业的现有主要参与者包括：精神病专科医院（如北京大学第六医院、温州康宁医院等）、综合性医院精神科（通常以门诊为主）、基层（乡镇、社区）精神医疗机构和其他医疗机构。因此，协调人可以根据训练基地自身情况选择合适的外部医疗机构建立有关运动员心理健康保障的、长期稳定的合作关系，即对出现了心理健康症状或障碍的运动员的转介机制。

此外，对于在外部医疗机构求诊精神科医生后返回训练基地继续参与训练的运动员，协调人/心理健康工作小组的跟进工作也是尤为重要的，且跟进工作并非是独立的，而是多方面动态地信息互通、相互配合的过程。一方面是协调人需要与外部精神科/心理学专家定期反馈沟通，并持续获得对方的指导与支持；另一方面是对仍在训练／比赛，或刚回到训练／比赛中的那些运动员的跟进工作需要与教练员及队医紧密合作，即基地内部心理医疗资源（如队医、协调人／心理健康工作小组、职业生涯规划人员）的统一协调配合，尤其是在确诊为心理障碍（如抑郁症、进食障碍等）的运动员如何训练这一问题上，需要以综合性评估工作为基础，逐渐积累经验，持续跟进。以上两个方面合作体系共同构成运动员心理健康管理的转介机制与合作网络，见图 1.3。

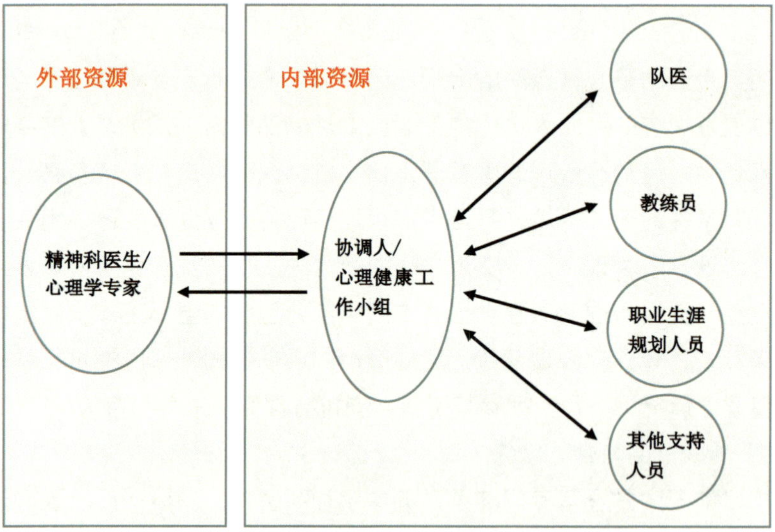

图 1.3　运动员心理健康管理的转介机制与合作网络

（三）基地内各项目中心的联络人／志愿者

训练基地运动项目中心多、运动员基数大，联络人／志愿者的角色有助于保障有限的协调人与各个运动项目中心及运动员的高效衔接。通过各个项目中心联络人／志愿者，协调人可以及时掌握不同项目中心甚至具体某个运动员的信息和动态，而项目中心管理人员及运动员个人也可以通过联络人／志愿者及时表达心理服务的需求。因此，联络人／志愿者是十分熟悉本运动项目运动员情况且愿意为运动员提供服务的人员，他们可以是长期负责某一运动项目的科研人员，也可以是项目中心的队医、领队、教练员等相关支持人员，或者是热心于帮助队友的运动员。

二、运动员心理健康常规性筛查

运动员心理健康常规性筛查工作的核心要素是筛查的制度化和流程的规范化。我们建议采用年度筛查策略，即每年定时对基地的全体运动员展开心理健康筛查工作。整个筛查流程分为三步：①采用消极与积极双维度（精神病理学维度与主观幸福感维度），参见本书“心理健康和心理疾病双维度模型”对全体运动员进行筛查。②对于筛查指标超过临界标准的运动员再进行额外特定量表（如抑郁症、焦虑障碍等）测评并加上访谈评估，访谈过程由心理专业人员依据访谈提纲进行评估。③经过访谈评估可将运动员分为具有高度、中度、轻度心理健康风险三类；对于高度风险的运动员，协调人将向该运动员所属项目管理中心建议转介去外部医疗机构就诊；中度和轻度风险的运动员暂不需要去外部医疗机构，由协调人负责持续跟进 4 周，再视情况进行处理。

（一）筛查人员

整个筛查流程中，因为不同环节的需求和目标不同，对筛查人员的胜任力也会有不同的要求。双维度问卷筛查环节，因为问卷是在中国运动员群体中经过信效度检验的，筛查人员仅需要对每一份问卷有详细的了解，熟知使用说明即可，以便在运动员填写过程中提供必要的解释说明，确保其认真阅读问卷指导语，准确理解每个条目的含义，避免漏填现象等。因此，整个心理健康合作网络中的工作人员均可参与其中，如基地协调人、队医、教练员、联络人等，但最终问卷须由协调人统一回收并进行数据处理。运动员亦可在线填写问卷，这也需要协调人或心理专业人员能够在线回答可能出现的提问。

访谈评估环节则需要通过在心理咨询 / 临床心理方面受过良好训练且拥有三年以上相关经验的专业人员，如协调人 / 心理健康工作小组成员等来完成。若运动员被评估为具有高度心理健康风险就需要尽快转介至精神科医生。

（二）筛查工具

如同全世界目前基本上都是采用精神病理学指标（消极维度）来评价运动员的心理健康（Reardo et al.，2019）一样，在过去 30 年里，国内在调查运动员心理健康时最频繁使用的工具是 SCL-90（symptom checklist 90）和 PHI（psychological health inventory）（杨舒，2015；姒刚彦，2019）两种典型的精神病理学评测工具。此外还有抑郁自评量表（如 SDS）和焦虑自评量表（如 SAS）。鉴于对我国精英运动员尚未开展普遍的心理健康筛查工作以及近期的研究发现（刘洁洁，2019；燕莉梅，2020；Si et al.，2019），我们不能忽略或低估当前我国运动员在心理症状与心理障碍方面可能存在的问题，因此作为用来评价运动员心理健康消极维度可选择的现有工具，SCL−90 与 PHI 仍然是可以使用的。

国际奥委会近期推荐使用运动领域心理健康评估工具 1（SMHAT−1）（Gouttebarge et al.，2021），包括 1 份分流工具（运动员心理压力问卷，APSQ）和 6 份特定障碍筛查工具［广泛焦虑障碍量表（GAD−7）；病人健康问卷（PHQ−9）；运动员睡眠筛查问卷（ASSQ）；酒精使用障碍识别测试（AUDIT−C）；减药、因批评而恼怒、内疚感和含有药物的助醒物（CAGE−AID）；运动员简明进食障碍问卷（BEDA−Q）］来对运动员进行心理健康筛查。SMHAT−1 的使用包括分流、筛查以及临床评估（或简要干预和监测）三个步骤，详情如图 1.4 所示。原始问卷计分方法与相关临界值见国际奥委会原文附件，中文版见本书附录 1。

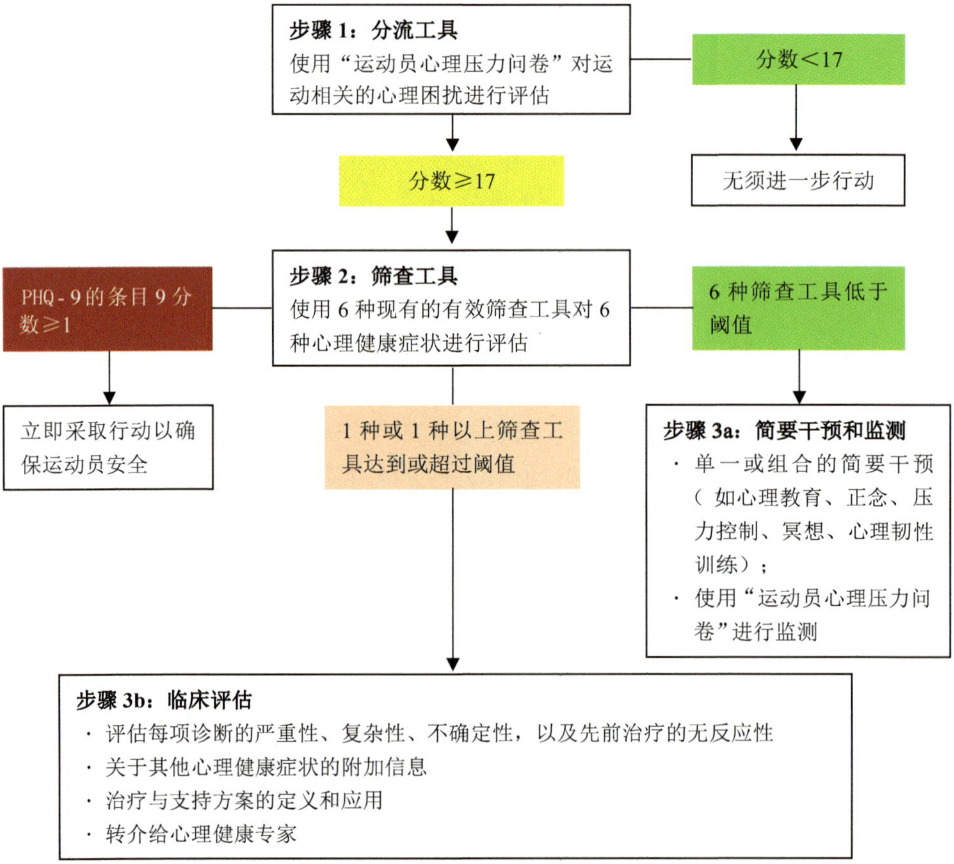

图 1.4　SMHAT−1 使用流程

目前，该工具已被翻译为中文，并在国内精英运动员群体中进行了信效度检验和修订，其中“酒精使用障碍识别测试”和“减药、因批评而恼怒、内疚感和含有药物的助醒物”两份问卷在我国竞技体育文化背景下，并不适用于运动员心理健康筛查，建议采用其余的 5 份问卷作为我国竞技运动员消极维度的心理健康筛查工具，评估有潜在风险或已经经历心理健康症状或障碍的精英运动员。

在积极维度方面，我们推荐使用心盛量表（Diener et al.，2010）来对运动员进行评测。该 8 条目心盛量表已经在中国精英运动员群体中进行了信效度检验及修订，适用于中国运动员的心理健康筛查。量表及其计分方法参见本书附录 2。

关于国际奥委会运动领域心理健康评估工具 1（SMHAT-1）和心盛量表在我国运动员群体的信效度检验结果，参见本书附录 4。

（三）筛查流程

以使用国际奥委会的运动领域心理健康评估工具 1（SMHAT-1）中的 5 份问卷为例，与国际奥委会推荐的使用流程略有不同，本团队将整个筛查流程分为三步。

第一步，问卷筛查。5 份问卷同时施测。其中，运动员心理压力问卷（评估运动相关的心理困扰）、GAD-7（评估是否有焦虑症状）和 PHQ-9（评估是否有抑郁症状）的分数作为主要筛查依据，而运动员睡眠筛查问卷（评估是否有睡眠障碍）和运动员简明进食障碍问卷（评估是否有进食紊乱）分数则作为辅助依据。

第二步，访谈评估。基于问卷筛查结果，未达到筛查工具临界标准分数的运动员被认为是无心理健康风险，筛查工作结束。符合临界值标准的运动员需进入第二步，由心理专业人员进行全面的访谈评估，在获得更多相关信息（如心理健康史、运动内外经历等）的基础上，对运动员的心理健康风险程度作出评估。此外，心理专业人员在访谈评估开始前还应向有关项目中心管理层、教练员、队医等及时了解该运动员所经历的生活和运动生涯事件，以便于为心理健康风险评估提供更加充足的背景信息。

第三步，经过访谈评估后，根据心理健康风险程度决定该运动员是被转介给外部精神科医生还是由心理专业人员继续跟进。

（四）筛查结果

与国际奥委会推荐的临界值不同，根据本团队近几年在多个省级训练基地的心理健康筛查实践经验和已经积累的国内精英运动员问卷得分数据，我们在使用运动领域心理健康评估工具 1 进行运动员心理健康筛查工作时，将进入访谈评估的标准划定为：当 GAD-7 的分值 ≥ 15，或 PHQ-9 的分值 ≥ 20，或

PHQ-9 中的条目 9 的分值≥ 1 时，运动员需要直接进入第二步的访谈评估环节；当 APSQ 的分值≥ 23 时，还需进一步借助其他 4 份问卷进行综合评估来决定是否进入访谈评估阶段。此外，当 APSQ、GAD-7、PHQ-9 均没有达到进入访谈评估标准时，如 BEDA-Q ≥ 8 或 ASSQ ≥ 11 时，本团队也会考虑将其纳入第二步的访谈评估环节。需要特别留意的是，在计分方式上，对于 BEDA-Q，我们只计前 4 题的分值，其余问卷计分方式保持不变。详情如图 1.5 所示。

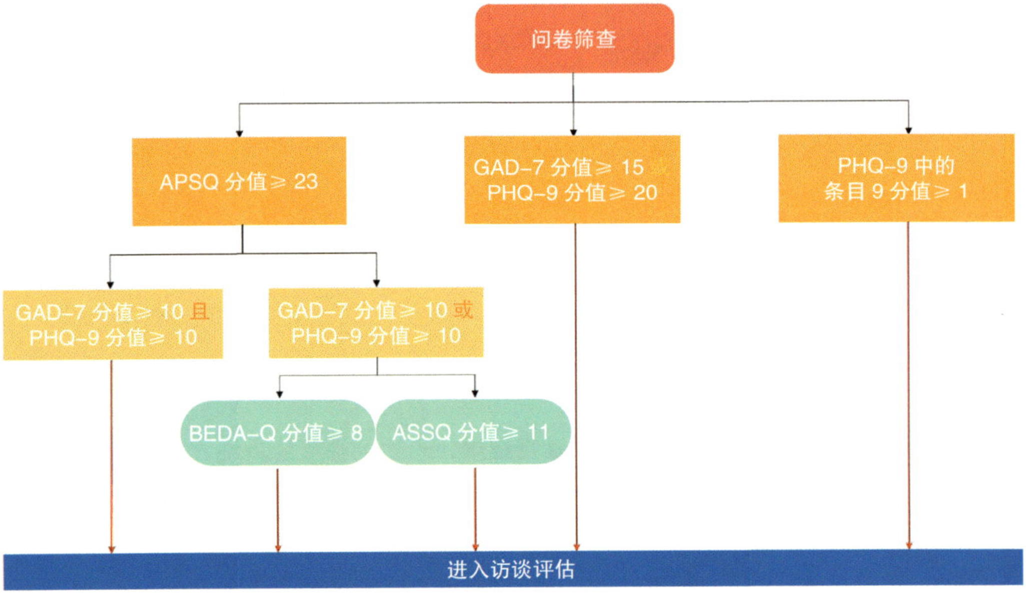

图 1.5　本团队在使用运动领域心理健康评估工具 1 时采用的临界值

访谈评估阶段，心理专业人员工作内容可以分为三个小环节[1]。

（1）访谈评估前的信息收集。一方面是筛查问卷分数的汇总及高分值条目的标识，另一方面是从联络人、志愿者及教练员等重要他人处获取相关背景信息，以便于为访谈评估提供更明确的信息和方向（访谈个案基本情况登记表见本书附录 5）。

[1] 访谈评估阶段内容均来自本研究团队的实践经验，在此仅供参考。

（2）访谈评估过程。由2名心理专业人员各自独立地评估不同维度（如抑郁症、睡眠障碍或进食障碍等相关症状）对运动员的行为和情绪的影响程度，包括探讨问题原因、必要时给出合理化建议等（运动员访谈记录表见本书附录6）。

（3）风险等级评定。心理专业人员根据访谈结果将运动员分为三类：即高度风险（需立即转介外部医疗机构）、中度风险（心理症状明显，需要跟进与咨询）和轻度风险（一般性症状，定期回访）。

（五）运动员心理健康常规性筛查的初步实践

A省训练基地的科研部门目前下辖的心理功能组拥有1名全职专业人员和3名兼职专业人员（均受过运动心理和咨询心理的良好训练），以及2名应用心理专业实习生（硕士在读）。该基地同时还拥有一个运动员职业生涯规划工作组，由2名兼职心理咨询师组成。在此工作中，基地心理功能组的全职心理人员承担了协调人的角色，而基地心理功能组和运动员职业生涯规划工作组一起承担了心理健康小组的工作。

A省训练基地首次心理健康筛查实践

鉴于长期封闭训练可能给运动员心态带来的负面影响以及已经出现的一些心理方面的现象，心理功能组在该基地管理层的支持下，于2020年7月首度开展全体运动员心理健康筛查工作（该轮筛查未加入积极维度）。其具体步骤如下。

第一步，采用SCL-90量表对近700名运动员进行评测，以在单个因子指标上出现显著症状为标准筛查，结果发现有11%的运动员在不同的因子指标上出现显著症状。

第二步，对这11%的运动员逐个进行有选择的特定量表评测（巴伦运动员抑郁量表、SDS抑郁自评量表、SAS焦虑自评量表、Yale-Brown强迫量表、匹兹堡睡眠质量指数问卷、EDI进食障碍问卷）并进行面对面访谈评估。访谈是由2名心理人员同时评估1名运动员，综合量表评测和访谈结果将运动员分为三级：高风险、中风险、低风险。结果发现三种情况分别占所有参与访谈运动员的3%、15%、82%。

第三步，向相关的运动项目管理中心建议将高风险的运动员转送去外部医疗机构精神科进一步诊断就医；中风险的运动员由心理功能组人员分别继续跟进4周，每周至少一次咨询评估并听取教练员与队医意见；对低风险运动员则将情况反馈给该运动员的项目管理中心及教练员，心理功能组人员定期回访。

A 省训练基地第三次心理健康筛查实践

鉴于前期良好的心理健康筛查工作，基地负责人建议继续进行此项工作，因此在第十四届全运会后的 2021 年 12 月，心理功能组开展了第三次全体运动员心理健康筛查工作（该轮筛查未加入积极维度）。具体步骤如下。

第一步，初步评测。采用国际奥委会推荐使用的运动领域心理健康评估工具 1（SMHAT-1，包括 APSQ、GAD-7、PHQ-9、BEDA-Q、ASSQ）[1] 对该训练基地近 650 名运动员进行初步评测。根据前期心理健康筛查经验和已经积累的国内精英运动员问卷得分数据，团队确定本次筛选标准，有 8% 的运动员进入第二步访谈评估。

第二步，访谈评估。此环节由 2 名心理专业人员同时访谈评估 1 名运动员，综合问卷评测和访谈结果将运动员分为三级：高风险、中风险、低风险。上述筛出的 8% 运动员全部参加了咨询评估，其中多人因为外训采用线上评估的方式进行，即采用线上会议视频的方式由 2 名咨询师与运动员进行访谈，经运动员同意后全程录屏。结果发现高风险、中风险和低风险 3 种情况分别占所有参与访谈运动员的 6%、8%、86%。

第三步，转介与跟踪。向相关的运动项目管理中心建议将 3 名高风险运动员转介至外部医疗机构精神科进一步诊断就医，最终 1 人就医并确诊，2 人因不同原因未就医但在基地接受跟进保护安排；4 名中风险运动员由基地心理专业人员分别跟进 4 周，进行 2 ~ 5 次评估并咨询，其中 2 名运动员在跟进 4 周后症状明显减轻，排除风险；另 2 名运动员在跟进 4 周后症状未见好转，经专家讨论后建议转介就医，最终就医并确诊；低风险运动员大部分因无明显心理困扰不作处理，少部分运动员转入心理技能学习、心理咨询或生涯规划咨询。本次筛查中进入第二步访谈评估的运动员里最终就医率为 6%、确诊率为 100%。

[1] 完整的 SMHAT-1 包括 7 份问卷，本次仅列出与实际应用适用的 5 份。

三、运动员心理健康筛查 / 诊断后跟进服务

（一）有心理健康风险的运动员个案跟进

根据运动员心理健康风险评估的轻重程度，跟进工作可分为两个部分。

（1）通过筛查之后发现或非筛查发现有症状但未及临床标准的运动员（轻度和中度风险的运动员），可以在控制症状的同时继续训练和比赛。继续留在训练基地可以使运动员保持他们的社会网络、成就感和目标，而且适度训练也是有助于运动员从心理健康症状中恢复的一种积极体验。在对中度风险运动员为期 4 周的跟进工作中，协调人 / 心理健康工作小组需要与教练员、队医等密切合作，定期听取他们的反馈，定期采用相应的问卷进行评估，必要时还可以进行线上或线下咨询及心理健康干预，以培养积极的心理健康（positive mental health）状态，降低消极的心理健康（negative mental health）状态。

（2）对于通过筛查或非筛查确诊为心理健康障碍（如抑郁症、双相障碍、进食障碍等）的运动员，在症状得到控制或稳定之前，继续训练和比赛可能并不安全，建议在症状可控后，再返回训练场所。运动员在恢复期间需保持运动状态，取得适当的运动和生活的平衡并监测心理压力水平是至关重要的，如果压力水平过高，康复可能会更加困难。此外，在跟进过程中，若遇到大的挑战，如运动员不愿意服药、如何安排训练计划等，还需要精神科医生的指导及教练团队的配合。根据我们的实践经验，大部分不愿意服药的运动员是因为缺乏心理健康素养，如运动员用药的污名化。在他们的认知中，用药等同于对心理障碍的肯定、用药会干扰自己的正常训练等。因此，提高运动员的心理健康素养是有必要的。对于尚存在明显心理健康症状但又要参加训练的运动员，需要教练团队的特别指导与安排。

（二）与运动员职业生涯规划工作衔接

对于具有轻度、中度或高度心理健康风险的运动员来说，职业生涯规划安排 / 咨询可以作为一种短期跟进工作之后的长期跟进服务内容，其本身也是一种使用积极维度的力量来消除消极维度影响的长期策略。在某些情况下，职业生涯规划团队可能要参与处理与运动员职业发展和退役有关的心理健康问题。因为运动员的心理健康障碍，如睡眠障碍和情绪障碍，可能与没有明确的职业目标、运动成绩起伏以及混乱的价值观有关（Schinke et al.，2018）。因此，充分规划的职业发展和退役计划有助于预防心理健康障碍。也就是说，运动员职业生涯规划中

心的工作人员也可以参与心理健康跟进工作，共同处理职业生涯发展和退役相关的心理健康问题。

（三）心理健康紧急情况处理

心理健康紧急情况是指在心理状态紊乱情况下所面临的即时风险（Reardon et al.，2019）。心理健康服务工作也应该包括心理健康紧急情况或者突发的重大心理危机事件的处理，如教练员或运动员突发生命意外、激烈的人际冲突、非成绩原因导致意外落选重大比赛等情况引发的即时心理风险。心理健康工作人员就需要提供及时的心理支持（如压力/情绪干预、哀伤辅导等），以帮助运动员调整身心状态，适应环境变化。心理健康紧急情况具有突发性，故基地协调人/心理健康工作小组应在平时做好准备，如编制一份关于各类心理健康紧急情况的应对手册。大家都能熟悉与应用这份手册，一旦发生心理健康紧急情况，就可以根据手册指引来处理情况，包括明确在什么情况下需要调动外部医疗资源来帮助处理紧急情况。

（四）运动员心理健康跟进工作的初步实践

仍然以前述 A 省训练基地运动员心理健康筛查为例。

首次筛查之后跟进工作的阶段性结果呈现如下几点。

（1）高风险的 2 名运动员在医院均被确诊为心理障碍，4 周之后仍在持续治疗中（其中 1 人考虑退役），均未返回训练。心理功能组人员与精神科医生和运动员保持沟通。

（2）中风险的 12 名运动员在跟踪 4 周后，三分之二的人症状逐渐消除或明显减轻，就排除风险；三分之一的人症状没有明显改变，但无加重，需要继续追踪。

（3）小部分中风险与低风险的运动员，在征得他们本人同意后，转介给了运动员职业生涯规划工作组，但若涉及与心理健康或运动表现有关的事宜仍然可向心理功能组人员咨询（无完全统计转向职业生涯规划和转向运动表现心理咨询的运动员人数）。

第三次筛查之后跟进工作的阶段性结果呈现如下几点。

（1）高风险的 3 名运动员中，1 名在家长陪同下就医，医生确诊为心理障碍，由医生、家长、教练员、心理人员联合给予帮助，之后由心理专业人员跟踪咨询 8 周，运动员情况稳定且返回训练；另 1 名运动员因其本人意愿并未就医，心理组专家与基地沟通后，运动队高度重视，予以积极关怀，同时心理组跟踪了11周，进行了5次咨询，运动员情况持续稳定后排除风险并返回训练；还有1名运动员因队伍管理人员意见也未就医，在队伍的积极帮助与心理人员的支持下，运动员情况逐渐稳定，并一直坚持训练。

（2）中风险的4名运动员中2人在跟进4周后症状明显减轻，排除风险；另2名运动员在跟进4周后情况未改善，经专家讨论后建议转介就医，最终2人均就医并确诊为心理障碍，此后心理组人员继续保持跟进工作。

（3）低风险的运动员中有5%转入生涯规划咨询，24%转入运动表现心理训练（如赛前行为程序、放松训练、认知调节）或心理咨询（如人际关系、睡眠调节）。

四、运动员心理健康素养教育

虽然在运动员群体中，一些运动员有种种心理健康问题，但是研究表明运动员经常不寻求帮助或者延迟寻求帮助（Gulliver et al.，2012a）。格利佛（Gulliver）等（2010）的一项系统综述研究证实，运动员的心理健康素养水平较低是影响其求助行为的重要原因之一。心理健康素养被定义为“帮助人们识别、处理和预防心理疾病的知识和信念”（Jorm et al.，1997）。约姆（Jorm）于2012年对心理健康素养的概念进行界定，将其划分为7个组成部分：①对心理健康问题的识别；②如何寻求心理健康信息的知识；③心理健康问题诱发因素的知识；④心理健康问题病因的知识；⑤自我治疗的知识；⑥可获得的专业帮助的知识；⑦促进适当寻求帮助行为的态度（Jorm，2012）。提高运动员的心理健康素养水平也可以同时降低运动员心理健康污名化水平，从而促进求助行为（Si et al.，2021）。污名化是指因个体或群体具有某些被社会看作不可接受或不恰当的特征和行为从而令他们遭受到的负面思想、情感和行为（Watson，2005）。早期的预防和心理健康知识的普及，被认为是可以提高运动员心理健康的有效方式之一（Sebbens et al.，2016）。

（一）心理健康素养筛查

由于目前国内外精英运动员心理健康素养的研究刚刚兴起，对于心理健康素养测量的相关研究较为缺乏。国内学者将心理健康素养问卷（O’Connor，2015）进行了翻译并在精英运动员群体中进行了检验（韩哲，等，2019）。结果表明，该问卷在精英运动员群体中具有良好的信度和效度，该问卷的局限性是维度单一。

此外，也有研究人员认为年龄是影响心理健康素养的重要因素之一（郭恒，等，2017）。心理健康素养问卷的英文原始版是以 18 岁以上成年被试发展而来，且进一步在 17 ~ 25 岁人群中进行验证，因此该问卷是否可以在青少年运动员中进行心理健康素养水平的评估值得商榷（王翔，2021）。

由于上述问卷的局限性，王翔（2021）检验了多元心理健康素养问卷（Multicomponent Mental Health Literacy Scale，MMHLS，Jung et al.，2016）在中国成年专业运动员群体和成年体院大学生运动员群体中的适用性。研究结果证实，该问卷在上述运动员群体中具有良好的信度和效度（王翔，2021）。该问卷的长处是再次将心理健康素养概念简化，包括知识、资源和信念三个维度，并进行严格的信效度检验。但局限性是问卷受限于精神病理学维度范畴，没有包含心理健康积极维度（主观幸福感）的内容。

目前可以用来对国内运动员进行心理健康素养筛查的工具仅有上述两个问卷。也有另外一些针对不同人群的筛查方法，如针对学生群体的心理健康素养问卷（Campos et al.，2016）以及针对普通人群的心理健康素养问卷（Jung et al.，2016）等，在未来的实践中，可以尝试将更多的筛查方式应用到运动员群体中。

（二）提升心理健康素养、降低污名化以及增加求助行为

通常，心理健康素养教育的目的是增加心理健康知识，学习症状识别，去除污名化，促进求助态度和意向。目前，国外的一些研究也对运动员心理健康素养进行了干预。干预的形式主要包括线上课程干预和线下面对面干预两种。线上课程干预包括长期干预（Gulliver et al.，2012b）和短期干预（Van Raalte et al.，2015）两种形式。线下面对面干预主要为一次短期干预（Breslin et al.，2018；Kern et al.，2017）。国内研究人员基于对运动员心理健康素养文献的系统综述（Bu et al.，2020）以及实践中的需求，也开始尝试使用结构化的教育内容对运动员心理健康素养实施系统性的线下干预（Bu，2021），并已获得了一定的成功经验。

综合国内外的已有研究，本书建议将我国运动员心理健康素养教育分为三种形式：①结构化教育课程，通常由 4 ~ 5 次课组成，每次 1 小时，适用于非赛季时运动员团体授课。上述提及的国内研究人员的干预就是在冬训期间进行的，也可以根据运动员合适的时间进行相应调整，从而促进运动员整体的心理健康知识水平。此外，根据精神病理学和幸福感双维度模型，积极心理健康素养的教育内

容也应该被纳入进来（Kutcher et al.，2014；2015；2016）。基于此，我们也建议在结构化教育课程中增加积极性维度内容，目的是预防或抑制心理障碍的发生。②单次讲座或研讨会，适用于任何有需要时（如新队员入队、突发危机事件等）。目前，由于国内干预较少，并未有研究证实单次课的干预有多大效果。但在未来实践中，可以针对具体情况开展单次课干预的研究。③除了课程与讲座，也可以通过网络和印刷体的宣传教育资料来进行。利用传统媒体和新媒体普及心理健康知识，正确引导运动员对心理健康问题的态度，进而帮助运动员正视心理健康问题。

除了提高运动员的心理健康素养外，提高运动员周围相关人员（如教练员、工作人员、领导、父母）的心理健康素养也是非常重要的一个方面。目前，有相关的干预可用来促进上述人员心理健康知识的提高。例如，针对澳大利亚的教练员（Breslin et al.，2017）和家长（Hurley et al.，2018）、爱尔兰的教练员和运动队相关工作人员（Sebbens et al.，2016），我们分别进行了相应的干预研究。提高运动员周围相关人员的心理健康素养，可以使他们及早地识别运动员是否存在心理健康问题，从而达到预防、识别和及时提供帮助 / 转介的目的（姒刚彦，卜丹冉，2019）。

综上所述，目前国内对运动员心理健康素养教育的研究和实践尚处于起步阶段，我们首先需要进一步开展大样本的筛查工作，以便更准确地了解现状。目前，已有的研究工具较少，在未来的研究中，我们需要发展出更多的筛查工具。其次，根据运动队的具体情况，我们可以采用不同的方式来提高运动员的心理健康素养水平。例如，除了采用线上线下的授课方式外，还可以利用已经发生的或者大家熟悉的案例来组织小组交流、访谈对话、个人辅导等。最后，我们要充分利用各类社会支持资源来帮助运动员。除了运动员之外，其相关人员，如教练员、工作人员、领导、家长，均可接受相应的运动员心理健康素养教育活动，普及心理健康知识，以便较好地识别运动员是否存在心理健康问题，进而达到预防和及时提供帮助的目的（姒刚彦，卜丹冉，2019）。

（三）运动员心理健康素养教育的初步实践

B 省训练基地科研处的一位全职运动心理学专业人员，在基地管理层的支持和 2 名助手的配合下，从乒羽中心以清晰的纳入标准招募了 60 名高水平羽毛球、乒乓球运动员（男 35 人、女 25 人），于 2019 年 12 月与 2020 年 1 月进行了 8 周随机对照实验研究，检验心理健康素养教育课程的效果。本次授课对象为低、中等心理健康素养水平的运动员，旨在通过提高运动员的心理健康素养，进一步提高运动员的求助态度、意向和行为，并降低运动员的心理健康污名化水平。

所有被试按照 1∶1 的比例通过抽签随机分成干预组和对照组。干预组运动员接受心理健康素养课程，对照组运动员在干预期间不接受任何干预。在干预结束后，对照组的运动员再学习相同内容的干预课程。

干预共计 8 周，每周 1 次课，每次课均为 120 分钟，其中包括 90 分钟的课程（60 分钟授课、30 分钟课上讨论）、30 分钟的家庭作业和阅读材料。授课内容主要包括以下 8 个部分：①介绍心理健康和心理健康素养；②识别心理问题症状和疾病及相应原因——抑郁症和焦虑障碍；③识别心理问题症状和疾病及相应原因——进食障碍和睡眠障碍；④运动领域中心理问题症状和疾病的诱发因素；⑤对心理健康和求助的态度；⑥寻求帮助和支持；⑦理解我国文化和我国竞技体育环境；⑧回顾和总结。其具体内容见表 1.1。

评估方式主要为问卷评估，具体包括以下内容。①主要结果变量：心理健康素养水平、求助态度和求助意向。②次要结果变量：求助行为和污名化水平。③其他评估：a. 被试评估。干预组所有运动员均参与对课程满意度的评估。b. 污染检验。对照组所有运动员在本次干预后被询问是否学到了心理健康素养课程的相关内容。c. 操作检验。干预组所有运动员均完成“我学到了什么”，检验对课程内容的掌握程度。

研究结果表明：相对于对照组运动员，在后测和跟踪时期干预组运动员的心理健康素养水平、求助态度和意向均得到了显著提升，污名化水平显著降低；但在后测和跟踪时期的求助行为没有显著改变。其他评估结果也均支持了实验内容和操作过程的有效性（Bu，2021）。这个实验研究说明在我国高水平训练基地里开展心理健康素养教育课程是可行且有效的，值得推广。

表 1.1　心理健康素养干预内容

课程主题	课程内容	上课讨论	家庭作业和阅读材料
介绍心理健康和心理健康素养	（1）什么是心理健康	（1）讨论过去心理健康问题的经历	（1）我学到了什么

续表

课程主题	课程内容	上课讨论	家庭作业和阅读材料
介绍心理健康和心理健康素养	（2）区分心理健康、心理疾病、心理健康问题和心理良好适应性 （3）运动员常见的心理健康问题和诱导因素 （4）什么是心理健康素养 （5）运动员心理疾病案例	（2）讨论过去心理良好适应性的经历 （3）讨论心理健康问题对个人生活和运动表现的影响	（2）我是否有心理健康问题的经历，是否寻求过帮助
识别心理疾病症状及其原因——抑郁症和焦虑障碍	（1）什么是抑郁症 （2）抑郁症症状、原因及其对运动的影响 （3）什么是焦虑障碍 （4）焦虑障碍症状、原因及其对运动的影响	（1）讨论抑郁症症状、抑郁症症状和正常行为的差别 （2）讨论焦虑障碍症状、焦虑障碍症状和正常行为的差别	（1）我学到了什么 （2）运动员群体中的抑郁症和焦虑障碍的现状
识别心理疾病症状及其原因——进食障碍和睡眠障碍	（1）什么是进食障碍 （2）进食障碍症状、原因及其对运动的影响 （3）什么是睡眠障碍 （4）睡眠障碍症状、原因及其对运动的影响	（1）讨论进食障碍和进食紊乱 （2）讨论睡眠障碍	（1）我学到了什么 （2）运动员群体中的进食障碍和睡眠障碍
运动领域中心理健康问题的诱发因素	（1）什么是压力和压力应对 （2）压力的来源和如何应对压力 （3）伤病的情绪反应及对运动的影响 （4）什么是物质滥用 （5）物质滥用的症状、原因及其对运动的影响	（1）讨论竞赛压力 （2）讨论伤病的影响 （3）讨论物质滥用症状和正常行为的差别	（1）我学到了什么 （2）运动员群体中的竞赛压力、伤病和物质滥用
对心理健康和求助的态度	（1）什么是污名化 （2）如何应对污名化 （3）对心理疾病的积极态度 （4）名人对心理疾病的态度	（1）污名化的影响 （2）讨论对心理疾病和求助的积极态度	（1）我学到了什么 （2）污名化的真相

续表

课程主题	课程内容	上课讨论	家庭作业和阅读材料
寻求帮助和支持	（1）寻求专业帮助的途径和如何表达自己的问题 （2）自我帮助的策略 （3）非正式的寻求帮助的途径和如何支持那些有心理健康问题和疾病的朋友	（1）讨论如何表达自己的问题 （2）积极和消极地寻求帮助的策略 （3）讨论如何形成有效地克服心理健康问题的途径	（1）我学到了什么 （2）如何支持那些已经从心理健康问题和疾病中恢复的朋友
理解我国文化和我国竞技体育环境	（1）我国文化的特征和我国文化对训练与比赛的启示 （2）我国竞技体育特征；如何与教练员、运动员形成良好的关系；如何构建良好的竞技体育环境	（1）讨论我国文化的重要影响 （2）讨论举国体制的重要影响	（1）我学到了什么 （2）如何与他人形成良好关系
回顾和总结	（1）什么是心理健康和心理健康素养 （2）污名化和对心理健康及求助的积极态度 （3）寻求帮助的途径：专业的、非正式的和自我帮助 （4）中国文化和中国竞技体育环境的重要性	（1）讨论心理健康污名化和消极求助态度 （2）讨论遇到心理健康问题时寻求帮助的行为	我学到了什么

参考文献

[1] ASHFIELD A, MCKENNA J, BACKHOUSE S. The athlete's experience of flourishing [J]. Qualitative methods in Psychology bulletin, 2012, 14(2): 4-13.

[2] BRESLIN G, HAUGHEY T J, DONNELLY P, et al. Promoting mental health awareness in sport clubs [J]. Journal of public mental health, 2017,16(2):55-62.

[3] BRESLIN G, HAUGHEY T, O' BRIEN W, et al. Increasing athlete knowledge of mental health and intentions to seek help: the state of mind ireland (SOMI) pilot program [J]. Journal of clinical sport psychology, 2018, 12(1):39-56.

[4] BU D. Mental health literacy and help-seeking in Chinese elite athletes [D]. Hong Kong: Hong Kong Baptist University, 2021.

[5] BU D, CHUNG P K, ZHANG C Q, et al. Mental health literacy intervention on help-seeking in athletes:a systematic review[J]. International journal of environmental research and public health, 2020, 17(19):7263.

[6] CAMPOS L, DIAS P, PALHA F, et al. Development and psychometric properties of a new questionnaire for assessing mental health literacy in young people[J]. Universitas psychological, 2016, 15(2):61-72.

[7] CHANG C, PUTUKIAN M, AERNI G, et al. Mental health issues and psychological factors in athletes: detection, management, effect on performance and prevention: American medical society for sports medicine position statement-executive summary[J]. British journal of sports medicine, 2020, 54(4), 216-220.

[8] DIENER E, WIRTZ D, TOV W, et al. New well-being measures: short scales to assess flourishing and positive and negative feelings [J]. Social indicators research, 2010, 97(2):143-156.

[9] DURAND-BUSH N,VAN SLINGERLAND K, Mental health strategy for high performance sport in Canada[EB/OL].(2021-07-22)[2023-03-12]. https://drive.google.com/file/d/12H76N3gLkuiMuePYJymIvKnI8uweX0KD/view?usp=sharing.

[10] FERGUSON L, EPP G B, WUTTUNEE K, et al. "It's more than just performing well in your sport. It's also about being healthy physically, mentally, emotionally, and spiritually": Indigenous women athletes' meanings and experiences of flourishing in sport[J]. Qualitative research in sport, exercise and health, 2019, 11(1):1-19.

[11] GOUTTEBARGE V, BINDRA A, BLAUWET C, et al. International olympic committee (IOC) sport mental health assessment tool 1 (SMHAT-1) and sport mental health recognition tool 1 (SMHRT-1): towards better support of athletes' mental health.[J]. British journal of sports medicine, 2021, 55(1):30-37.

[12] GREENSPOON P J, SAKLOFSKE D H. Toward an integration of subjective well-being and psychopathology[J]. Social indicators research, 2001, 54(1):81-108.

[13] GULLIVER A, GRIFFITHS K M, CHRISTENSEN H .Perceived barriers and facilitators to mental health help–seeking in young people: a systematic review[J]. Bmc psychiatry, 2010, 10(1):113.
[14] GULLIVER A, GRIFFITHS K M, CHRISTENSEN H. Barriers and facilitators to mental health help–seeking for young elite athletes: a qualitative study[J]. Bmc psychiatry, 2012, 12(1):157.
[15] GULLIVER A, GRIFFITHS K M, CHRISTENSEN H, et al. Internet–based interventions to promote mental health help–seeking in elite athletes: an exploratory randomized controlled trial[J]. Journal of medical internet research, 2012, 14(3):e69.
[16] HENRIKSEN K, SCHINKE R, MCCANN S, et al. Athlete mental health in the Olympic/Paralympic quadrennium: a multi–societal consensus statement[J]. International journal of sport and exercise psychology, 2020:1–18.
[17] HENRIKSEN K， SCHINKE R， MOESCH K ,et al. Consensus statement on improving the mental health of high performance athletes[J]. International journal of sport and exercise psychology, 2019, 18(5):553–560.
[18] HURLEY D, ALLEN M S, SWANN C, et al. The development, pilot, and process evaluation of a parent mental health literacy intervention through community sports clubs[J]. Journal of child and family studies, 2018, 27(2):1–12.
[19] JORM A F, KORTEN A E, JACOMB P A, et al. “Mental health literacy”： a survey of the public's ability to recognise mental disorders and their beliefs about the effectiveness of treatment.[J]. Medical journal of australia, 1997, 166(4):182.
[20] JORM A F. Mental health literacy: empowering the community to take action for better mental health.[J]. American psychologist, 2012， 67(3):231–243.
[21] JUNG H, STERNBERG K V, DAVIS K .Expanding a measure of mental health literacy: Development and validation of a multicomponent mental health literacy measure[J]. Psychiatry research, 2016, 243:278–286.
[22] KERN A, HEININGER W, KLUEH E, et al. Athletes connected: results from a pilot project to address knowledge and attitudes about mental health among college student–athletes[J]. Journal of clinical sport psychology, 2017, 11(4):324–336.
[23] KEYES, COREY L M. Mental illness and/or mental health? Investigating axioms of the complete state model of health[J]. Journal of consulting &

Clinical Psychology, 2005, 73(3):539–548.
[24] KUTCHER S, BAGNELL A, WEI Y .Mental health literacy in secondary schools[J]. Child & adolescent psychiatric clinics of North America, 2015, 24(2):233–244.
[25] KUTCHER S, WEI Y. School mental health literacy[J]. Education canada, 2014, 54:22–26.
[26] KUTCHER S, WEI Y, CONIGLIO C .Mental health literacy: past, present, and future[J]. Canadian journal of psychiatry revue canadienne de psychiatrie, 2016, 61(3):154.
[27] LUNDQVIST C. Well–being in competitive sports—the feel–good factor? A review of conceptual considerations of well–being[J]. International review of sport & exercise psychology, 2011, 4(2):109–127.
[28] MOESCH K, KENTT G, KLEINERT J, et al. FEPSAC position statement: mental health disorders in elite athletes and models of service provision[J]. Psychology of sport and exercise, 2018, 38: 61–71.
[29] M O' CONNOR, CASEY L. The mental health literacy scale (MHLS): a new scale–based measure of mental health literacy[J]. Psychiatry research, 2015, 229:511–516.
[30] REARDON C L, HAINLINE B, ARON C M, et al. Mental health in elite athletes: international olympic consensus statement (2019)[J]. British journal of sports medicine, 2019, 53(11):667–699.
[31] RICE, SIMON M, PURCELL, et al. The mental health of elite athletes: a narrative systematic review[J]. Sports medicine, 2016,46(9):1333–1353.
[32] SCHINKE R J, STAMBULOVA N B, SI G, et al. International journal of sport and exercise psychology international society of sport psychology position stand: athletes mental health, performance, and development[J]. Journal of sport and exercise psychology, 2018, 16(6):622–639.
[33] JOSHUA S, PETER H, DIMITY C, et al. Mental health in sport (MHS): improving the early intervention knowledge and confidence of elite sport staff[J]. Frontiers in psychology, 2016, 7:911.
[34] Si G , Li X , Huang Z ,et al.The mental health of Chinese elite athletes: revisiting the assessment methods and introducing a management framework [J/OL].International journal of sport and exercise psychology [2023–02–06] (2021–03–31) .DOI:10.1080/1612197X.2021.1907769.
[35] SULDO S M, SHAFFER E J .Looking beyond psychopathology: the dual–

factor model of mental health in youth[J]. School psychology review, 2008, 37(1):52–68.
[36] VAN RAALTE J L, CORNELIUS A E, ANDREWS S, et al. Mental health referral for student–athletes: web–based education and training[J]. Journal of clinical sport psychology, 2015, 9(3):197–212.
[37] SLINGERLAND K J V , DURAND–BUSH N , BRADLEY L, et al. Canadian centre for mental health and sport (CCMHS) position statement: principles of mental health in competitive and high–performance sport[J]. Clinical journal of sport medicine, 2019, 29(3):173–180.
[38] SLINGERLAND K J V , DURAND–BUSH N , KENTT G .Collaboratively designing the canadian centre for mental health and sport (CCMHS) using group concept mapping[J]. Journal of applied sport psychology, 2021, 33(1):98–122.
[39] WATSON J C. College student–athletes' attitudes toward help–seeking behavior and expectations of counseling services[J]. Journal of college student development, 2005, 46(4):442–449.
[40] 傅小兰，张侃．中国国民心理健康发展报告（2017—2018）[M]. 北京：社会科学文献出版社，2019.
[41] 郭恒，盛小添，笪姝，等．心理健康素养的概念、测量及影响因素 [J]. 中国健康教育，2017，33（10）：918–922.
[42] 郝勤．论中国体育“举国体制”的概念、特点与功能 [J]. 成都体育学院学报，2004，30（1）：7–11.
[43] 韩哲，王丹丹，欧阳灵青，等．心理健康素养问卷在精英运动员群体中的信效度检验 [J]. 湖北体育科技，2019，38（3）：226–229.
[44] 景怀斌．儒家式应对思想及其对心理健康的影响 [J]. 心理学报，2006，38（1）：126–134.
[45] 刘洁洁．精英运动员的自杀意念及其意义 [D]. 北京：北京体育大学，2019.
[46] 刘慧心，戴辰婧．2019 年中国精神医疗行业概览 [EB/OL].（2019–03–13）[2023–03–12]. https://www.leadleo.com/report/details?id=5c889be8f272472733b147ca.
[47] 罗鸣春，黄希庭，苏丹．儒家文化对当前中国心理健康服务实践的影响 [J]. 心理科学进展，2010，18（9）：1481–1488.

[48] 中国体育科学学会.体育科学学科发展研究报告(2016—2019)[M]. 北京：人民体育出版社，2019.
[49] 王翔.心理健康素养和专业心理求助污名对中国高水平动员心理求助态度的影响 [D]. 武汉：武汉体育学院，2021.
[50] 燕莉梅.高水平运动员情绪障碍的质性研究 [D]. 武汉：武汉体育学院，2020.
[51] 杨舒.高水平运动员心理健康现状及干预——基于心理健康双因素模型 [D]. 上海：上海体育学院，2015.
[52] 国家统计局.中国统计年鉴 2021 [M]. 北京：中国统计出版社，2021.

第二章

一般性和运动特定性心理健康风险性因素管理

第一节 一般性心理健康风险性因素及其管理

一、心理健康定义

世界卫生组织（WHO）对于心理健康的定义是“一种幸福的状态（a state of well-being），在这种状态下，个人能够意识到自己的能力，能够应对正常的生活压力，能够卓有成效地工作，并且能够为他或她的社区作出贡献”。WHO 对心理疾病的定义为“涉及情感、思维或行为变化（或三个方面结合）的健康状况。心理疾病与困扰和/或在社会、工作或家庭活动中的功能问题有关。总体上来说，是指那些可诊断的心理疾病，包括但不限于诸如抑郁症、焦虑障碍、精神分裂症、进食障碍和物质滥用等”（WHO，2012）。凯斯（Keyes）（2007）提出心理健康的双维度模型，他指出心理疾病和心理健康是有明显区分但又相互联系的两个连续体：第一个连续体表示心理疾病的存在或缺失；第二个连续体表示心理健康的存在或缺失。比如，罹患心理疾病的运动员也能有积极的心理健康状态（心盛），从而促进运动表现。因此，心理健康不仅是没有罹患心理疾病的状态，而且是有能量的积极心理状态（心盛）。

根据这一定义，库特尔（Kuettel）和拉森（Larsen）（2020）提出了运动员心理健康的新定义：“心理健康是一种运动员能够实现自己潜力，发现运动和生命中的目标和意义，体验可信任的人际关系，应对生活中和运动中的压力，以及能够根据自我定义的价值进行自主决定的幸福感状态。”

二、心理健康和心理疾病的风险性因素与保护性因素

根据以上心理健康定义可以发现：一个人的心理健康和心理疾病会受个人成

长和特征的影响，包括生物因素、心理因素、环境和社会因素，但这些因素与心理健康和心理疾病并非对应的因果关系，而是相关关系，且以上因素之间还会产生交互影响。在类别划分上，以上因素可以分为风险性因素和保护性因素。

风险性因素（risk factors）是指那些能使疾病的发病可能性增加、严重程度变重或病程延长的相关因素。保护性因素（protective factors）是指能提高人类对抗疾病风险性因素和增强疾病抵抗力的条件及状况。大量证据表明，风险性因素和保护性因素与心理疾病的发生有关（Ingram & Price，2001）。心理疾病的发生通常是多种风险性因素存在，而又缺乏保护性因素，风险性因素累加作用的结果。风险性因素容易使个体从心理健康的状态变得脆弱，然后出现心理健康问题，最终发展为心理疾病（O'Connell，Boat & Warner，2009）。

从微观到宏观的角度，风险性因素和保护性因素可以划分为个人特征和行为、家庭和社区、社会和环境三类因素。个人特征和行为是指有关一个人天生或者习得的处理自我想法和感受，以及在日常生活中管理自我的能力；还包括处理社会事务的能力，如参与社会事务，承担责任，尊重他人。一个人的心理健康受到基因和生物因素的影响，就是那些天生的或者天赋的因素，同时天赋的因素可能与家庭以及社会环境因素互动，对心理健康产生影响。家庭因素是指个体与父母或者主要照顾者以及家庭成员、重要亲属和朋友的互动关系。比如，个体与父母或者主要照顾者不能建立健康的心理依恋关系是心理疾病的一大风险性因素（Bowlby，1982）。社区因素则主要指社区环境中影响个体心理健康的因素，包括学校、邻居、社区服务等，例如强烈的社区归属感可以减轻成年时期的心理健康风险。社会和环境因素包括个体生存的自然环境和社会文化 / 经济环境。生存物资（水和食物）匮乏的自然环境、动荡不安的社会环境等是心理疾病的重大风险性因素。心理健康和心理疾病的风险性因素和保护性因素示例见表 2.1。

表 2.1　心理健康和心理疾病的风险性因素和保护性因素示例

层级		风险性因素	保护性因素
个体特征和行为	身体和生理因素	1. 围产期并发症 2. 孕期毒物使用 3. 早孕 4. 营养不良 5. 身体疾病 6. 出生体重低 7. 感觉障碍或器质性障碍 8. 脑疾病（损伤、神经递质紊乱、细胞老化等）	1. 孕期健康 2. 母乳喂养 3. 身体健康、健美 4. 早期认知刺激
个体特征和行为	心理因素	1. 阅读障碍 2. 交流障碍 3. 低自尊 4. 害羞、孤独、焦虑、古怪脾气、不灵活、低正面情绪、社会退缩、专注力差 5. 认知 / 情绪发育未成熟 6. 非安全依恋 7. 青少年期的情绪问题 8. 行为障碍、反叛 9. 反社会行为 10. 物质滥用 11. 应激性生活事件 12. 工作压力或者失业 13. 极度需要肯定和社会支持	1. 自尊、自信 2. 解决问题的能力及克服逆境和压力的能力 3. 生活和交流技巧 4. 适应能力 5. 自主性 6. 运动锻炼 7. 安全感 8. 自尊 9. 收入稳定 10. 学业或工作上的满足与成就
家庭和社区		1. 父母患精神疾病 2. 父母物质滥用 3. 家庭冲突或家庭破裂 4. 被虐待和忽视 5. 孤单 6. 被家庭暴力或者欺凌 7. 低收入和贫困 8. 学业困难或者失败 9. 工作压力	1. 好的父母教养和家庭互动 2. 良好的依恋和亲情关系 3. 良好的教育 4. 家人和朋友的社会支持 5. 处理社交问题和冲突的技巧

续表

层级	风险性因素	保护性因素
环境和社会	1. 生存自然环境恶劣 2. 社会环境差 3. 种族不平等和歧视 4. 战争 5. 贫穷 6. 迁移 7. 教育、交通和住房缺乏 8. 邻里不和、隔离和疏远 9. 同伴排斥、与物质滥用的同辈联络 10. 暴力和少年犯罪 11. 社区或者学校暴力事件 12. 饮酒和物质滥用的社会风气 13. 失去亲密朋友	1. 社交情感的发展 2. 亲社会行为、赋权行为 3. 民族团结 4. 参与社交 5. 社会责任心和忍受性 6. 社会服务 7. 社会支持和社区网络 8. 人生导师出现 9. 支持发展技能和兴趣 10. 教育的机会 11. 正面社会规范 12. 人身和心理安全

（WHO，2005；2012；Saxena，Jan é −Llopis & Hosman，2006 ）

三、风险性因素在生命历程中的影响

心理健康和心理疾病的风险性因素均会在人生的不同时期产生作用，并产生数十年甚至一生的影响，见图 2.1。根据生命发展历程，我们可以将风险性因素划分为孕期前和孕期、婴儿期和儿童期、青少年期、成年期和老年期，而对运动员影响较大的时期主要是青少年期和成年期。

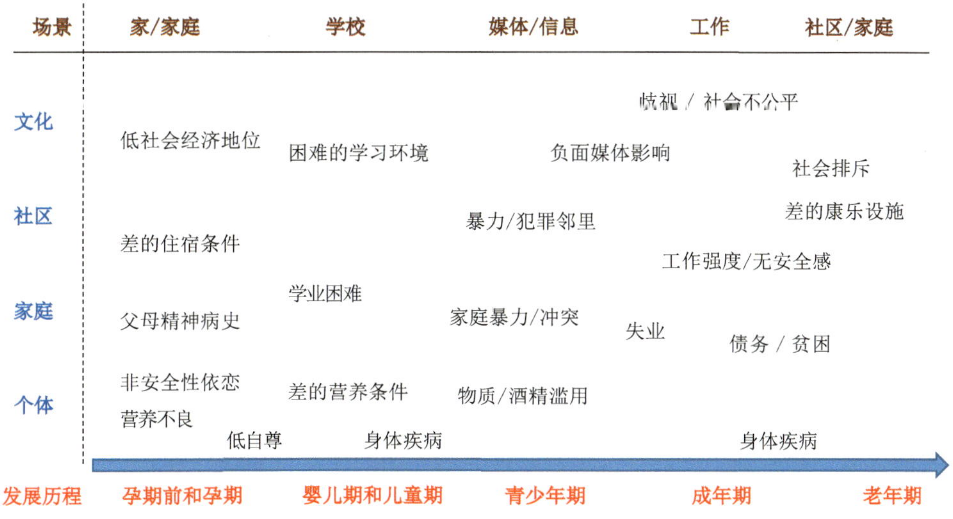

图 2.1　生命发展历程中心理健康的风险性因素示意图
（Foresight project，2008；Kieling et al.，2011；Fisher et al.，2011）

个体的心理健康可能受到生育前甚至怀孕前的事件和环境因素的影响，如青少年早孕；母亲在孕期的一些风险行为，包括抽烟、饮酒；新生儿营养不良；出生体重不足等。儿童期和青少年期的主要影响因素是与母亲或者主要照顾者的依恋关系，这种依恋关系会影响其日后的社会关系和情绪发展（Bowlby，1982）。与主要照顾者分离，不管是因为父母缺位还是拒绝，都会导致孩童焦虑、压力和不安全感。部分运动项目（如跳水、体操等），因为早期专项化，运动员在儿童期或者青少年期就离家进行运动训练，在安全依恋这一因素上可能会有较大的风险性。进入运动队训练后，运动员之间的竞争和可能的霸凌会是运动员心理健康的一个风险性因素。

青少年时期是成长的关键期，也是心理疾病更容易发展和显露的时期。在青少年时期经历家庭不顺利或者在儿童期展现出行为问题，会更容易产生心理主动性的物质滥用。运动员在青少年时期，可能会出现训练和比赛相关的行为问题和心理障碍，如在训练中承受不了训练强度、比赛中的“Choking”问题、重大伤病以及受伤后的心理障碍。成年期的主要风险性因素为运动成就不高、运动疲劳、受伤、与教练员冲突、对退役后的生活无安全感等。

四、运动员一般性心理健康风险性因素

（一）心理疾病的预防和心理健康的促进概念

WHO 的心理疾病预防采用的实际上是包括治疗在内的广义上的预防概念，共分三级：第一级是早期预防；第二级是发现、诊断和治疗及减轻患者症状；第三级是愈后管理和康复，以及防止复发。针对预防心理疾病的潜伏程度和时间过程，戈登（Gordon）（1983）提出了三级预防策略，该策略也被美国医学研究院（Mrazek，Haggerty，1994；O’Connell，Boat，and Warner，2009）和 WHO（2005）选用。三级预防策略首先是通用性（universal）预防策略，就是针对所有人群的风险性因素的预防和干预，如针对贫穷这个风险性因素的预防和干预。其次是选择性（selective）群体预防策略，是针对高于普通人群的生理、心理、社会风险性因素的人群，进行心理疾病的预防。最后是指定性（indicated）群体预防策略，是针对那些遗传和基因上有罹患精神疾病的高风险性因素，或其他方面有这样的高风险因素，同时有少量心理疾病症状或者前兆的个体进行预防干预。

心理健康的促进是指采用方法和策略来加强心理健康的保护性因素，促进积极的心理健康状态（如心盛状态），以及改进个体的幸福感和生活质量，而非预

防和减少心理疾病。其关注的重点在于促进个体能力、资源和优势以及自我效能感（Weissberg，Caplan & Harwood，1991）。虽然心理健康的促进跟心理疾病预防有所不同，但两者所关注的保护性因素以及改善的方法与策略有很大重合的部分。这些因素包括个人、社区以及社会和文化因素。WHO 关于心理健康促进的报告中提出（2002），仅仅是针对心理疾病的预防和治疗策略尚不能全面改善和促进心理健康。

根据前文引用的心理健康的定义，心理健康是个体总体健康的一部分，它至少涉及三个方面的含义：第一是关于个体发挥和实现自己的潜能，包括个体要具有乐观、心理韧性的能力；第二是自我掌控感，包括积极的情感、自尊、自我掌控的心理资源及自我和谐的感觉（视自我经历可解释为可理解、可掌控、有意义）（Antonovsky，1979）；第三是自主决定，就是个体有能力去确定、面对以及解决问题。

那么，心理健康的促进方法和策略就要针对心理健康的含义提供相应的条件和措施。首先发展和保护个人特质，让个体有能力去处理自己的思维和感受，管理好生活以及情绪，增加幸福感和生活质量。这与自尊和自我管理冲突的能力以及学习能力有关。干预方法如：针对幼儿的学前教育认知刺激，针对所有年龄群组的定期身体锻炼，增加健康行为（如合理饮食）而减少健康损害行为（如抽烟和过量饮酒）。其次，增加社区和社会支持，让个体有承担责任、接纳多元社会的能力。这跟个体的情感发展、交流和被接受的感觉相关。干预方法如：学校的心理健康促进教育。最后，改进社会和文化因素，包括安全的环境、减少冲突和暴力、合适的住房、足够的食物、积极的教育经历、好的工作环境等，容许自我决策和自我掌控的人生，干预的方法如：改进工作场合的心理健康的法律和措施（Barry，Clarke，Jenkins & Patel，2013；WHO，2012）。

（二）运动员一般性心理健康风险性因素管理

运动员群体与普通人群的心理疾病发病率相似，运动员群体承受着跟普通人一样的心理健康风险性因素，而且运动员的运动表现巅峰时期与普通人群心理疾病发病高峰时间重合（Moesch et al.，2018；Rice et al.，2016）。因此，我们把与普通人群一样或者类似的风险性因素视为运动员的一般性心理健康风险性因素。

心理健康风险性因素的管理首先是预防，其次是干预，最后是促进心理健康。预防的方法就是减少风险性因素和增加保护性因素。心理疾病是风险性因素累加作用的结果，但是在风险性因素累加的过程中，如果出现一些保护性因素，就会像隔断连锁反应中的一环一样预防心理疾病的发生。因此，心理疾病的预防在于降低个体层面、家庭层面、社会和环境层面的风险性因素以及加强保护性因素（Herrman，2001）。干预的方法就是采用循证的干预策略，减轻个体心理疾病症状和促进心理疾病康复以及康复后的管理；促进心理健康的方法就是发展心理适应能力、积累心理资本和优化优势特质。

与普通人群一样，运动员一般性心理健康风险性因素管理的第一个策略是预防策略，包括通用性群体层面的策略，如为所有运动员提供稳定和优质的训练环境，包括训练设施、训练场地、营养保障和医疗科研支持；在体育政策制定中重视心理健康问题，提高运动员对心理健康问题的意识以及教育；改进运动员获得运动心理健康服务的渠道；实施运动员人群的心理健康问题的普查；鼓励对运动员心理健康问题负责任的媒体引导。选择性群体层面的策略包括改善某些运动员的训练氛围和组织压力、人际关系能力、心理抗压能力、受挫折后的心理坚韧性、心理灵活性以及加强运动员的自我认同，使其树立自我目标，寻找自我价值。指定性群体层面的策略包括了解特定运动员家庭精神病史，关注经历高风险性因素（生活应激事件，如财务问题、情感问题，以及运动特殊应激事件，如比赛失败、伤病、被迫退役或转型）的运动员心理健康状态和心理紧急应激事件，对出现部分心理疾病症状的运动员，使用心理健康教育改善其对心理疾病的认识和给予社会支持。同时对运动员进行持续的跟进，评估是否转介医生进行诊断和治疗。在出现心理健康症状但未确诊心理疾病期间，运动心理咨询师可以使用认知行为疗法（Cognitive Behavioral Therapy，CBT）来减轻其抑郁症状，或者使用正念减压疗法（Mindfulness-Based Stress Reduction，MBSR）来减轻其压力和焦虑症状（Kabat-Zinn，2003）。

第二个策略是干预策略，是采用循证的有效干预方法，对运动员的心理健康进行早期干预。WHO 和各国都在推进循证预防和干预策略，如证据显示母乳喂养计划能够改进婴儿与母亲的依恋关系以及儿童期的发展（Quinn et al.，2001）。青少年时期的学前教育计划针对解决学业失败、早发行为问题和低入学承诺，对有发展问题的青少年有帮助（Schweinhart & Weikart，1991）。而攻击行为的训练和改善（Pepler & Craig，1995），认知行为疗法和家庭治疗疗法对焦虑症状的改善（Webster，Barrett & Dadds，2001），身体体型的接受度对饮食障碍的影响（the EDAP puppet program）（Irving，2000），心理坚韧性训练计划对青少年的焦虑和无助感的改变、对问题行为的减少等都是有效干预的证明。自杀减低计划，包括训练教师、家长的压力管理和应对技巧以及医生给病人的抗抑郁和抗精神症状的药物都能够起到一定的作用，降低了64%的自杀率（Zenere & Lazarus，1997）。此外，生活技能训练也能够改善自我效能感（Bruene-Butler et al.，1997）。瑞典实施了教育计划（Rutz，Knorring & Wålinder，1989），旨在教育公众和精神卫生从业者关于抑郁症的症状、原理、诊断、预防以及治疗，改善了整个社会的抑郁症状况。认知行为疗法对创伤后应激综合征有治疗效果（Fecteau & Nicki，1999）。以上策略都可以加以转化和改造，运用在运动员群体上。

第三个策略是促进心理健康，旨在增强个体的能力、心理资源和优势，去加强和支持个体积极的情绪、认知和相关人生体验，促进自我掌控、自我决定和自我实现。其在具体的策略上与预防策略有部分重合。心理健康促进则可以着眼于学业/工作成就、情绪、行为、自我管理、社交技能、家庭和重要关系、身体健康、性健康、生活意义、生活质量等因素的发展与促进（Bolier et al.，2013；Fusar-Poli et al.，2020）。心盛状态就是高度的主观幸福感（包括情绪、心理和社会的幸福感）和良好的心理与社会功能状态。心盛状态与积极心理学中幸福感的概念有重要的联系（Keyes，2002）。幸福感的PERMA（positive emotion，engagement，relationships，meaning，and accomplishment）模型提出，积极的情感，如喜悦、感恩、希望、宁静、惊叹；对生活的投入，如兴趣、设定目标以及达成；积极的人际关系，如爱和支持；目的感和人生意义，如灵性和宗教体验；以及工作或者事业成就，如灵感和骄傲感，是个体幸福感的建构指标（Seligman，2018）。

在提高个体的心盛状态策略上，第一，提高和维持积极情感。循证的方法有“知足常乐，表达感恩”的感恩训练和“想象最好的自己”表达性书写训练等。感恩训练就是想象生命中获得的优待、机遇、支持等值得感恩的事件，不管大小，在心里面和书面文字上表达感恩。“想象最好的自己”就是想象自己能够发挥自己的潜能，实现自己的人生目标（Sheldon & Lyubomirsky，2006）。第二，构建投入感。如“每天记录三件美好的事情”，即让个体每天记录自己感觉美好的三件事情，无论大小，这样可以增加对生活的兴趣和幸福感。“确认和发挥自己独特的性格优势”，即通过分析发现个体最特别的性格优势，然后在日常生活中创造性地表现出来（Seligman，Steen，Park & Peterson，2005）。流畅状态的体验也能够促进在生活和工作中的投入（Csikszentmihalyi，2014）。第三，构建积极的人际关系。如采用积极—建设性回应的沟通技巧，可以改进人际互动。例如，“对慈善行为的承诺和投入”，包括日常的举手之劳，以及耗时耗力的善举，能改善个体的人际关系和生活投入（Seligman，Steen，Park & Peterson，2005）。“爱与慈悲冥想”（loving kindness meditation）可以改进人际关系和生活满意感（Fredrickson，Cohn，Coffey，Pak & Finkel，2008）。第四，发现人生目的和生命意义。有研究者发现，为期 10 个星期，每星期 1 个小时的认知行为取向，以问题解决方案为主导的生命教育计划，可以提高个体对目标的努力程度、幸福感以及希望（Green，Oades & Grant，2006）。另外，使用“表达性写作”探寻“想象中最好的自己”，可以提高个体对生命意义的觉悟（Parks，Schueller & Tasimi，2012）。第五，促进工作成就感。具体策略，如对个体的目标进行个人化整合（符合自己的价值和需求，统合在更高的目标之下，目标实现策略明确），可以促进目标达成和个人成长（Sheldon，Kasser，Smith & Share，2002）。另外，可以通过促进流畅状态和个人掌控感，从而促进工作成就感。

在应用促进幸福感和心盛状态的方法和策略过程中，需要注意的是，首先这些方法和策略需要个体的努力及习惯培养；其次是方法和策略要与个人的人格、动机、需要以及优点适配，即自我适配的状态。

第二节　运动特定性心理健康风险性因素及其管理

一、运动特定性心理健康风险性因素和保护性因素

以精英运动员为例，运动特定性心理健康风险性因素和保护性因素可以从个人和运动环境两个维度进行分析，见表 2.2。

表 2.2　精英运动员心理健康的风险性因素和保护性因素

（Kuettel & Larsen，2020）

	风险性因素	保护性因素
运动环境维度	1. 与运动相关的压力 2. 对于寻求心理帮助的污名化 3. 个人和难美项目的特殊文化 4. 缺乏队友和教练员的社会支持 5. 个人生涯危机导致的退役	1. 心理健康素养教育和支持 2. 正面的竞技人际关系和人际支持 3. 成功地退役和转型 4. 信任和以掌握技能为导向的运动文化
个人维度	1. 伤病和过度训练 2. 差的个人身体健康状况 3. 人生逆境事件 4. 危险行为和非有效应对 5. 女性危险三因素（抑郁、女性经期、进食紊乱） 6. 不好的饮食 / 睡眠 / 饮酒习惯 7. 慢性生活压力 8. 负性社会关系和低社会支持度 9. 基本需求和职业生涯的不满意 10. 差的适应性人格、特征和个人认同	1. 正面的社会关系和支持 2. 能力感 3. 自主感 4. 从伤病中康复 5. 基本需求和运动职业生涯的满意感 6. 保护性行为

（一）运动特定性心理健康风险性因素

在个人维度上，与运动特定相关的风险性因素包括：运动相关的受伤和脑震荡、愤怒控制、运动场上的暴力行为、焦虑、进食障碍、压力导致的物质滥用、运动表现失利或者失常、运动员自我效能感、运动性心理疲劳、过度训练和运动生涯倦怠、受伤后被动的职业生涯转换、重要他人对自己成功的期望。运动员的身份认同可能是把“双刃剑”，因为高运动员身份认同，有可能会造成早闭型认同（identity–foreclosure），让运动员没有其他渠道来塑造和反思自己的人格。在性和性别认同方面，性别少数者（同性恋、双性别、跨性别和性别认同障碍，统称 LGBTQ 族群）可能会受到更大的心理压力。在竞技运动环境中，被使唤和被霸凌、性侵犯和性骚扰也是不容忽视的风险性因素。另外，风险性因素还包括运动员对疾病和受伤的心理反应、对治疗伤病中使用药物的心理反应。运动员如果不具备应对压力的技巧和方法，在压力下导致进食紊乱、睡眠差、物质滥用等，也是心理健康的一大风险性因素。

在运动环境维度上，与运动特定相关的风险性因素包括：长时间的离家旅行、陌生环境和旅行带来的问题、适应场地和环境、睡眠和饮食问题以及缺乏教练员和队友的支持。组织与社会文化的风险性因素包括持续的训练与比赛压力，尤其是难美类项目，因为其项目特征要求完美，加上早期专项化，运动员进行专项训练的年龄较小等因素，考虑到训练压力和运动员承受训练压力的能力，运动员会出现压力过大的风险。其他因素还包括竞技体育价值文化导向、运动项目的差异、骚扰和虐待、教练员的民主或者专制性风格（Hughes & Leavey，2012；Reardon et al.，2019）。更多的风险性因素是心理健康素养和对心理健康求助行为的污名化。

风险性因素在运动生涯的不同时期会有不同的影响。比如，在青少年时期，家长和教练员的支持对运动员来说不可缺少；而到了精英和成年期，环境和训练压力则更明显，包括长时间的旅行、暴露在不熟悉的环境中，而这两个因素对于伤残运动员影响更大，如旅行中的行李运输问题。在运动生涯的末期，非预期的受伤导致的退役，或者心理倦怠等问题更会影响心理健康，甚至导致心理疾病的发生。

（二）运动特定性心理健康保护性因素

在个人维度上，精英运动员心理健康保护性因素包括：①正面的社会关系和支持，如来自体育管理者、教练员、父母以及队友等重要他人的支持；②运动员能力感（也叫胜任感）和自主感的满足，可通过自律、成熟的自我防御机制、自我鼓励、自省和设定目标等实现；③对运动职业生涯的满意感和从伤病中的康复，其中前者会给运动员带来持续参与竞技运动的动机，后者则可以帮助运动员重新建立自信和身份认同。

在运动环境维度上，精英运动员心理健康保护性因素包括：①推行心理健康素养教育和支持，保证运动员可以获得心理健康专业人员的支持与服务，促进寻求帮助行为；②营造良好的运动队伍氛围，让运动员能够感受到团队力量和相互间的支持；③强调任务导向（如以掌握技能为导向）而非自我导向的运动文化；④建立运动员退役转型的支持性机制。

二、运动特定性心理健康风险性因素的管理

国际组织、专业学会以及研究机构发布的关于运动员心理健康的共识声明（Reardon et al.，2019；Chang et al.，2020；Schinke et al.，2018；Moesch et al.，2018；Van Slingerland et al.，2019）以及关于运动员心理健康的近期研究文献（Kuettel & Larsen，2020；Gouttebarge，Castaldelli-Maia & Gorczynski P et al.，2019；Reardon & Factor，2010）均指出运动员常见的心理健康疾病，包括但不限于：抑郁和自杀、焦虑和惊恐发作、进食障碍、过度训练、睡眠问题、注意力缺乏 / 多动症以及一些精神性疾病等。对运动员的运动特定心理健康风险性因素的管理也可以采用对普通人群使用的预防、干预和促进的模式（Uphill，Sly & Swain，2016）。珀塞尔（Purcell）、格威瑟（Gwyther）、赖斯（Rice）（2019）借用 WHO（2005）心理疾病广义预防框架，提出了一个包括预防、干预和治疗在内的广义运动员心理疾病的预防框架（见图 2.2），但是该框架中缺少了心理健康促进的意识和内容，本书予以加入。

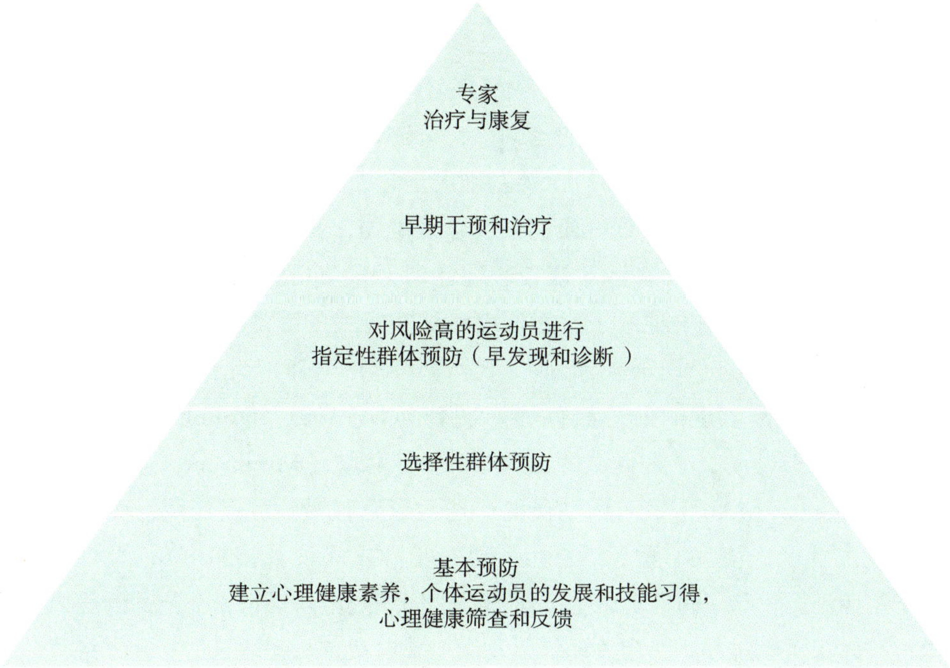

图 2.2　运动员心理疾病预防框架（Purcell，Gwyther & Rice，2019）

（一）运动员心理疾病的预防策略

此处主要引用珀塞尔等人提出的三级预防策略。首先是通用性的预防策略。从个体层面来看，该策略包括增加运动员心理健康意识、展开心理压力和心理疾病筛查。以针对风险性因素制定的一系列相关政策为例，相关策略包括在社会和体育环境中强调公平、防止歧视和非公平对待；加强训练机构和运动队伍的文化建设等。其次是选择性群体的预防策略，主要指对运动员进行心理健康素养教育。相关策略包括对心理疾病的去污名化；提升运动员的求助意识和行为；增加运动员对心理疾病的认知以及可获得帮助的渠道；加强运动员生涯转换的心理辅导和支持；增加运动员心理灵活性；训练运动员应对压力的技巧和能力等。最后是对心理健康高风险运动员进行指定性群体预防策略。可以实施焦点发展计划，包括帮助运动员设置人生和竞技领域内的目标，训练达到这些目标所必需的心理技能；还可以帮助运动员探索运动员身份以外的生活领域，促进生活和竞技压力的平衡。另外需要对心理疾病及早发现和诊断，运动员身边的管理人员、教练员和科研人员要注意到运动员的微小变化和心理疾病的急性风险性因素，如紧张和焦虑的情绪。

（二）运动员心理疾病的干预 / 治疗策略

对于表现出心理健康症状的运动员，可进行心理健康的干预。循证的干预策略包括以自我决定理论（SDT）为基础的正念训练干预方案。研究发现，正念训练可以改进运动员的心理健康的自我管理能力，从而促进心理健康和幸福感（Shannon et al.，2019）。运动最佳表现计划（the optimum performance program in sports, TOPPS）是一种基于家庭治疗和认知行为的疗法，是针对运动员心理健康和运动表现的心理干预计划。对运动员心理健康的促进和心理疾病症状的消除以及运动表现的提升都有显著效果（Gavrilova，Donohue & Galante，2017）。针对运动员心理健康的正念接受承诺疗法（Mindfulness-Acceptance-Commitment，MAC），对运动员的心理健康有积极的促进作用，可以减轻心理疾病的症状，增加心理灵活性和运动表现（Gross et al.，2018）。此外，对于大学生运动员，除了来自训练上的压力，他们还要应对来自学业方面的压力。当向该群体提供应对技巧的相关训练以及增加来自教练员和队长的社会支持时，可以缓解他们的抑郁症状并提高其生活质量（Fogaca，2021）。

对确诊为心理疾病的运动员要转介专家以及进行积极的治疗，治疗包括准确地诊断；设定实际的治疗目标，教育和传递心理疾病知识给运动员以及关联密切的人；治疗方法包括药物治疗和心理治疗，心理治疗的方法包括第二代的认知行为疗法（CBT）和第三代的正念减压疗法（MBSR）以及正念接受承诺疗法等（Grossman et al.，2004）。运动员治疗中或者康复后，在进行训练和比赛的过程中，可对其进行持续的跟进，包括评估心理状态、训练心理韧性、增加运动信心等心理资源的建设。

（三）运动员心理健康的促进策略

运动员的心理健康促进更要从国家政策与体育组织政策层面入手，制定关注和促进运动员心理健康的政策与资源预算，如加拿大、美国、澳大利亚、中国都对促进运动员心理健康极为重视。政策和规划制定中要考虑的内容包括愿景、价值和原则、目标、行动领域和策略、财务预算、法律和人权、机构提供的服务、人力资源和培训、心理健康的促进、心理疾病的预防、治疗和康复、必要的药物采购和分发、宣传、质量控制、信息管理系统以及对政策和服务的研究与评价。在实际工作中，如欧洲运动心理学会组织、加拿大运动心理健康中心等机构倡议多部门和学科合作，建立整合式干预小组的方法。干预小组首先确定心理健康促进的目标，如改善运动员对心理健康的积极认知，将心理健康当作一种心理资源和优势。基于凯斯（2007）的心理健康管理的双维度模型，伦德奎斯特（Lundqvist）（2011）提出了竞技运动中的幸福感概念，认为其包括以下两个方面：①享乐主义的运动中的主观幸福感，其中有运动满意度和与运动有关的情感两个方面。②实现论的幸福感（eudaimonic），包括运动中的心理幸福感和运动中的社会幸福感。运动中的心理幸福感包括六个方面，分别是：对运动员身份的自我接受和认同、与教练员和队友的积极人际关系、在运动训练中的自主感、对运动训练环境的掌控感、竞技运动的目的和意义感、运动员的个人成长和发展。运动中的社会幸福感包括五个方面，分别是：竞技运动的社会接纳性、通过竞技运动达到社会自我实现、通过竞技运动对社会作出贡献、运动中的和谐、运动中的社会整合。

提高和促进运动员的心理健康与幸福感可以从运动中的主观幸福感、心理幸福感和社会幸福感三个方面入手。下面列举几个提高运动中的幸福感的循证研究：①运动心理学和积极心理学有很多共性，包括追求卓越和提升表现，故积极心理学的方法可以借鉴和应用在运动心理学领域。积极心理学的方法“发现自己独特优点并在现实中运用”可以提高表现和幸福感。因此，瓦格斯塔夫（Wagstaff）和利奇（Leach）（2015）也鼓励运动员在自我评价中多总结和强化自己的优点，从而改进运动表现，提高心理幸福感。②有研究发现，通过教练员的支持性执教，满足自我决定理论中的三大基本心理需求（能力、自主、关系）可以促进运动员的幸福感（Blanchard et al.，2009）。③运动员的感恩与运动员心理耗竭、团队凝聚力、运动满意度和感受到的社会支持相关（Chen & Chang，2017）。因此，运动员的感恩训练可以改进运动员的心理幸福感和社会幸福感。盖帕娜（Gabana）等（2018）通过干预研究发现，一次性 90 分钟的感恩态度训练（包括分析和呈现感恩的效益、自我感恩事件列举和讨论）可以改进运动员的感恩态度和运动满意感以及社会支持感受。④运动员的灵性和宗教体验与改进运动表现相关，其可以提高心理健康水平和幸福感（Watson & Nesti，2005）。

下面将以运动员的抑郁症和进食障碍为例，从一般性风险性因素和运动特定性风险性因素两方面来探讨如何对它们进行综合管理。

三、一般性和运动特定性心理健康风险性因素的综合管理

（一）抑郁症

1. 概述

抑郁症是非常常见的心理障碍之一，影响到世界上约 3.4 亿人口，也成为有待解决的最重要的心理障碍（WHO，2005）。最近 10 年关于英国、新西兰、澳大利亚、美国、德国的运动员心理健康的调查发现，抑郁症发病率都在 19% ~ 34% 范围内（Foskett & Longstaff，2018；Wolanin & Gross，2015；Yang，Peek-Asa & Corlette et al.，2007；Gulliver，Griffiths & Mackinnon et al.，2015；Nixdorf，Frank & Hautzinger et al.，2013），与普通人群类似。但也有研究发现，运动员的抑郁症发病率低于普通人群（Armstrong and Oomen-Early，2009；Proctor and Boan-Lenzo，2010），其可能的原因是运动员对抑郁症的污名化，让运动员的抑郁症报告率低（Glick and Horsfall，2009；Proctor and Boan-Lenzo，2010），以及一种错误的迷思，即运动员群体心理强大，能免疫于抑郁症（Hughes & Leavey，2012）。个人项目运动员患抑郁症的概率高于集体项目运动员，女性运动员患抑郁症的概率显著高于男性运动员。

2. 一般性风险性因素

抑郁症的一般性风险性因素包括生理、心理和行为、家庭和社区、社会和文化以及自然环境。生理因素包括头部损伤、神经递质紊乱等；心理因素包括长期压力、睡眠、生活方式和压力事件；家庭和社区因素包括家庭冲突、缺乏家庭和

社会支持；社会和文化因素包括污名化、对心理疾病的诊疗态度、宗教和精神化倾向（Wolanin & Gross，2015）。

3. 运动特定性风险性因素

抑郁类疾病的风险性因素类似，与同一水平的运动员相比，那些具有以下问题的运动员心理健康症状及障碍的整体患病风险更大：经历严重的肌肉骨骼损伤、接受多次手术、运动成绩下降或具有非适应性完美主义的倾向。导致运动员出现抑郁症状和重度抑郁症状的风险性因素包括：遗传因素（如家族史）、环境因素（如不良的人际关系、缺乏社会支持）、运动损伤、比赛失利、退役、疼痛和脑震荡。运动员退役后，身体活动水平较低的运动员更容易患上重度抑郁症非功能性过度负荷（non-functional overreaching，NFO），而过度训练应该被认为是与运动员表现出抑郁症状有关的可能因素（Reardon et al.，2019）。

4. 综合管理措施

对抑郁症的风险性因素的管理应遵循预防、干预以及心理健康促进的框架。在预防上最重要的是针对运动员风险性因素见表 2.3，关注运动员的压力事件和长期压力，对出现重大挫折事件的运动员进行行为观察。对运动员的心理健康状况进行定期筛查，对出现抑郁症状的运动员进行抑郁症心理健康教育，进行应对技巧训练，包括放松训练、正念训练、压力管理和早期评估与治疗。对于抑郁症高风险的运动员，转介临床心理学家和精神科医生进行诊断和治疗。最后进行心理健康促进，包括训练运动员的心理韧性和加强心理辅导，改善人际关系和提供社会支持，对运动员职业生涯转换给予教育和支持等。

表 2.3　抑郁症的一般性和运动特定性风险性因素

一般性风险性因素	运动特定性风险性因素
家族抑郁病史	自我抑郁病史
自我认同问题，缺乏心理灵活性	运动员身份认同早闭 将竞技体育当成逃避抑郁的手段 过分依赖运动成就来体现自我价值 非适应性完美主义
身体疾病	运动伤病 慢性疼痛、脑震荡

一般性风险性因素	运动特定性风险性因素
雌激素	女性危险三因素（抑郁、经期、进食紊乱），营养差 各项目的严苛要求，如难美类项目对体重的要求
生活方式和压力事件，负面应对技巧	长期旅行导致的失眠 物质滥用 过度训练 比赛期望压力 负面应对技巧 重大比赛失利 非自愿职业生涯转换
缺乏社会支持	教练员和队友的不良人际关系 缺乏社会支持
歧视和不公平	运动场上的歧视和不公平

（Hughes & Leavey，2012；Newman，Howells & Fletcher，2016；Nixdorf，Frank，Hautzinger & Beckmann，2013；Wolanin & Gross，2015；Jensen et al.，2018）

（二）进食障碍

1. 概述

进食障碍包括神经性厌食、神经性贪食以及非典型性进食障碍。此外，障碍性进食行为也是一类异常进食行为。神经性厌食症与神经性贪食症在青少年与成年早期的女性中，发病率分别为 0.5% ~ 1% 和 0.9% ~ 4.1%，此外，有 5% ~ 13% 表现出进食障碍的部分综合征（APA，2013）。运动员群体的数据要显著高于普通人群，男性运动员为 0 ~ 9%，女性运动员为 6% ~ 45%（Joy& Nattiv，2016）。运动员更多地表现出障碍性进食行为而非进食障碍疾病。难美类项目运动员的障碍性进食行为和进食障碍的比例较高。

2. 一般性风险性因素

有关进食障碍的一般性风险性因素大致涉及以下方面（见表 2.4）：先天易感因素、触发因素和维持因素。先天易感因素包括生物的（如基因）、心理的（如对体型不满意、低自尊、完美主义人格）、社会文化因素（如媒体影响、朋友的示范作用、社会大众传媒鼓吹以瘦为美的时尚）。而触发因素一般是对体重和体型的负面评价、创伤经历、抑郁和焦虑的情绪。维持因素包括教练员或者重要他人的许可、过度饥饿的生理反应或者初始的成功和完美主义人格特征。

表 2.4　进食障碍的一般性和运动特定性风险性因素

一般性风险性因素	运动特定性风险性因素
★缺乏自尊： 体型不满意 负面情绪	★体重敏感型项目：① 体重周期性变化和饮食压力
★抑郁	★团队赛前称体重
★焦虑	★身体发育成熟前就开始运动专项训练②
★遗传易感性： 年龄、发育阶段和身体变化状况	★比赛压力
★完美主义的个性特征	★受伤： 受伤等创伤性经历
★社会文化因素： 家庭饮食障碍病史 朋辈压力 媒体宣传影响 被霸凌经历	运动规则的调整和限制 教练员执教风格

（Bratland-Sanda & Sundgot-Borgen，2013）

注：①如赛艇、摔跤、柔道等体重分级项目，体操、花样游泳、跳水、马术、花样滑冰等审美类项目，长跑、单车、游泳等需要克服重力的项目。在这些项目中，更低的体脂率或许更有优势。

②可能会阻碍运动员选择一项适合自己成年体型的运动。

3. 运动特定性风险性因素

在运动员群体中，运动特定性风险性因素包括要求难美类项目和体重分级项目，因为运动员在训练期和休赛期会有体重周期性变化，在平时也有饮食控制的压力；体重分级类项目的赛前称重会让运动员有快速减重的压力。运动员过早进行专项化训练是一大风险性因素，因为运动员有可能选择与自己体型不相符的项目，导致身体发育期有饮食管理的压力。比赛的压力会让运动员过度进食或者无食欲，导致进食紊乱。运动员的创伤体验（包括受伤、脑震荡）会增加进食障碍的风险。教练员的过分强调和控制执教风格会增加进食障碍的风险；相反，支持和关心的执教风格会降低进食障碍的风险。运动规则的变化，如更改或者取消某些体重量级的比赛，迫使运动员参加更高或者更低体重量级的比赛，会增加进食障碍的风险。

4. 综合管理措施

对进食障碍的风险性因素的综合管理，首先要针对进食障碍的一般性风险性因素，处理好运动员的情绪、健康的形体认知和接受度，以及健康的进食行为等问题。饮食障碍的干预研究，如针对进食的相关态度，对健康体型理念的接受并内化（internalisation）等因素，发现可以改善个体对体型的满意度，从而对进食障碍有一定的预防效果。例如，澳大利亚研究人员进行了干预青少年的自尊对身形满意度、饮食的态度及行为的研究，干预方案实施 12 个月后，实验组青少年表现出对身体满意度增加，拥有更多的自尊，对社会有更大的认同以及不再渴望变瘦（O'Dea & Abraham，2000）。实验组里进食障碍的高危青少年人群对身体满意度增加、不再渴望变得更瘦，体重在合理地增加；而对照组里进食障碍的高危人群则体重显著下降。对于运动员人群的干预研究发现，增加关于饮食障碍的教育，及早识别和诊断饮食障碍问题，处理情绪和竞赛压力等，可以对运动员的饮食障碍有积极管理的作用（Bratland-Sanda & Sundgot-Borgen，2013；Kussman & Nattiv，2016）。严重饮食障碍的运动员应该转介给临床心理学家和精神科医生进行诊断与治疗。在治疗上，严重个案需要住院治疗，包括营养补充和运动员健康进食行为教育；而药物治疗对进食障碍的疗效证据较少，一般使用抗抑郁药物稳定运动员情绪，再引导其健康进食。运动员在治疗期间，恢复运动训练后，对运动员饮食障碍的干预应该与运动营养师合作。

运动员心理健康问题需要关注到心理健康和心理疾病的联系与区别，强调运动员的心理健康状态不仅仅是没有心理疾病的状态，更要注重培养主观幸福感和心盛状态。运动员的心理健康除了会受普通人群的风险性因素影响，还会受具体的运动特定性风险性因素的影响。运动员心理健康的管理包括心理疾病的预防和干预以及心理健康的促进。预防在于增加保护性因素和减少风险性因素；干预主要是使用循证干预策略，结合运动员实际进行干预；运动员心理疾病的诊断和治疗应该转介精神科医生，而心理疾病愈后恢复应该由多学科综合干预小组跟进。心理健康促进的目标是让运动员在生涯发展及运动表现方面具备良好的心理资源和优势。

参考文献

[1] American Psychiatric Association. Diagnostic and statistical manual of mental

disorders [M].5th ed. Arlington VA:American Psychiatric Publishing,2013.
[2] ANTONOVSKY A. Health, stress, and coping[J]. New perspectives on mental and physical well-being, 1979: 12-37.
[3] SHELLEYARMSTRONG M, JODYOOMEN-EARLY M C. Social connectedness, self-esteem, and depression symptomatology among collegiate athletes versus nonathletes[J]. Journal of american college health, 2009, 57(5):521-526.
[4] BARRY M M, CLARKE A M, JENKINS R, et al. A systematic review of the effectiveness of mental health promotion interventions for young people in low and middle income countries[J]. Bmc public health, 2013, 13(1):835.
[5] BLANCHARD C M , AMIOT C E , PERREAULT S ,et al. Cohesiveness, coach's interpersonal style and psychological needs: Their effects on self-determination and athletes'subjective well-being[J]. Psychology of sport & exercise, 2009, 10(5):545-551.
[6] BOLIER L, HAVERMAN M , WESTERHOF G , et al. Positive psychology interventions: a meta-analysis of randomized controlled studies[J]. Bmc public health, 2013, 13(1):119.
[7] BRATLAND-SANDA S, SUNDGOT-BORGEN J. Eating disorders in athletes: overview of prevalence, risk factors and recommendations for prevention and treatment[J]. European journal of sport science, 2013, 13(5):499-508.
[8] CHANG C, AERNI G , DIAMOND A , et al. Mental health issues and psychological factors in athletes: detection, management, effect on performance and prevention: American medical society for sports medicine position statement—executive summary[J]. British journal of sports medicine, 2020, 54(4):216-220.
[9] CHEN L H, CHANG Y P. Sport-domain gratitude uniquely accounts for athletes' well-being across two cultures: incremental validity above the general gratitude[J]. Journal of positive psychology, 2016, 12(6):651-659.
[10] CSIKSZENTMIHALYI, MIHALY. Flow and the foundations of positive psychology [M]. Springer Netherlands, 2014.
[11] FECTEAU G, NICKI R. Cognitive behavioral treatment of posttraumatic stress disorder after motor vehicle accident[J]. Behavioural and cognitive psychotherapy, 1999, 27(3):201-214.

[12] FISHER J, DE MELLO MVC, IZUTSU T. Adolescent mental health in resource-constrained settings: a review of the evidence of the nature, prevalence and determinants of common mental health problems and their management in primary health care[J]. The international journal of social psychiatry, 2011, 57(1):v-vii, 9-116.

[13] FISHER J, DE MELLO M C, IZUTSU T, et al. Adolescent mental health in resource-constrained settings: a review of the evidence of the nature, prevalence and determinants of common mental health problems and their management in primary health care[J]. The international journal of social psychiatry, 2011, 57(1 Suppl): v-116.

[14] FOGACA J L.Combining mental health and performance interventions: coping and social support for student-athletes[J]. Journal of applied sport psychology,2021,33(1):4-19.

[15] FOSKETT R L, LONGSTAFF F .The mental health of elite athletes in the United Kingdom[J]. Journal of science & medicine in sport, 2017, 21(8):765-770.

[16] FPABC D, GSDPA E, ADMA B, et al. What is good mental health? A scoping review[J]. European neuropsychopharmacology, 2020, 31(2):33-46.

[17] GABANA N T , JESSE S , JOEL W Y ,et al. Attitude of gratitude: exploring the implementation of a gratitude intervention with college athletes[J]. Journal of applied sport psychology, 2019, 31(3): 273-284.

[18] GAVRILOVA Y, DONOHUE B, GALANTE M. Mental health and sport performance programming in athletes who present without pathology: A case examination supporting optimization[J]. Clinical case studies, 2017, 16(3):234-253.

[19] GLICK I D, HORSFALL J L. Psychiatric conditions in sports: diagnosis, treatment, and quality of life[J]. Phys sportsmed, 2009, 37(3):29-34.

[20] GOUTTEBARGE V , CASTALDELLI-MAIA J M , GORCZYNSKI P ,et al. Occurrence of mental health symptoms and disorders in current and former elite athletes: a systematic review and meta-analysis[J]. British journal of sports medicine, 2019, 53(11):700-706.

[21] GREEN L S, OADES L G, GRANT A M .Cognitive-behavioral, solution-focused life coaching: enhancing goal striving, well-being, and hope[J]. Journal of positive psychology, 2006, 1(3):142-149.

[22] GULLIVER A, GRIFFITHS K M, MACKINNON A, et al. The mental health of Australian elite athletes[J]. Journal of science and medicine in sport, 2015, 18(3):255−261.
[23] HELEN H. The need for mental health promotion[J]. Australian & New Zealand journal of psychiatry, 2001, 35(6):709−715.
[24] INGRAM R E, PRICE J M. The role of vulnerability in understanding psychopathology [M]// INGRAM R E, PRICE J M. Vulnerability to psychopathology: risk across the lifespan. New York: The Guilford Press, 2001.
[25] IRVING LORI M. Promoting size acceptance in elementary school children: the edap puppet program[J]. Eating disorders, 2000, 8(3):221−232.
[26] MRAZEK P J, HAGGERTY R. Reducing risks for mental disorders: frontiers for preventive intervention research[J]. Journal of the American academy of child & adolescent psychiatry, 1995, 34(3):391−392.
[27] JENSEN, STINE, NYLANDSTED, et al. Depression in danish and swedish elite football players and its relation to perfectionism and anxiety[J]. Psychology of sport and exercise, 2018, 36(2): 147−155.
[28] JOY E, KUSSMAN A, NATTIV A. 2016 update on eating disorders in athletes: a comprehensive narrative review with a focus on clinical assessment and management[J]. British journal of sports medicine, 2016, 50(3):154.
[29] JON KABAT - ZINN. Mindfulness−based interventions in context: past, present, and future[J]. Clinical psychology science & practice, 2010, 10(2):144−156.
[30] KIELING C, BAKER−HENNINGHAM H, BELFER M, et al. Child and adolescent mental health worldwide: evidence for action [J]. Lancet, 2011, 378(9801):1515−1525.
[31] KUETTEL A, LARSEN C H. Risk and protective factors for mental health in elite athletes: a scoping review[J]. International review of sport and exercise psychology, 2020,13(1):231−265.
[32] LOWRY−WEBSTER H M, BARRETT P M, DADDS M R. A universal prevention trial of anxiety and depressive symptomatology in childhood: preliminary data from an Australian study[J]. Behaviour change, 2001, 18(1):36−50.

[33] LUNDQVIST C .Well-being in competitive sports—the feel-good factor? A review of conceptual considerations of well-being[J]. International review of sport & exercise psychology, 2011, 4(2):109-127.

[34] GROSS M, MOORE Z E, GARDNER F L, et al. An empirical examination comparing the mindfulness-acceptance-commitment approach and psychological skills training for the mental health and sport performance of female student athletes[J]. International journal of sport & exercise psychology, 2018, 16(4): 431-451.

[35] MOESCH K, KENTT G, KLEINERT J, et al. FEPSAC position statement: mental health disorders in elite athletes and models of service provision[J]. Psychology of sport and exercise, 2018, 38: 61-71.

[36] NEWMAN H J H, HOWELLS K L, DAVID F. The dark side of top level sport: an autobiographic study of depressive experiences in elite sport performers[J]. Frontiers in psychology, 2016, 7:868.

[37] NIXDORF I, FRANK R, HAUTZINGER M, et al. Prevalence of depressive symptoms and correlating variables among german elite athletes[J]. Journal of clinical sport psychology, 2013, 7(4):313-326.

[38] O' DEA J A, ABRAHAM S. Improving the body image, eating attitudes, and behaviors of young male and female adolescents: a new educational approach that focuses on self-esteem[J]. International journal of eating disorders, 2000, 28(1):43.

[39] PEPLER D J, CRAIG W M. A peek behind the fence: naturalistic observations of aggressive children with remote audiovisual recording[J]. Developmental psychology, 1995, 31(4):548-553.

[40] PROCTOR S L, BOAN-LENZO C. Prevalence of depressive symptoms in male intercollegiate student-athletes and nonathletes[J]. Journal of clinical sport psychology, 2010, 4(3):204-220.

[41] PURCELL R, GWYTHER K, RICE S M. Mental health in elite athletes: increased awareness requires an early intervention framework to respond to athlete needs[J]. Sports medicine - open, 2019, 5(1): 46.

[42] QUINN P J, O' CALLAGHAN M, WILLIAMS G M, et al. The effect of breastfeeding on child development at 5 years: a cohort study[J]. Journal of paediatrics and child Health, 2010, 37(5):465-469.

[43] REARDON C L, HAINLINE B, ARON C M, et al. Mental health in elite athletes: international olympic consensus statement (2019)[J]. British journal of

sports medicine, 2019, 53(11): 667−669.

[44] REARDON C L , FACTOR R M . Sport psychiatry: a systematic review of diagnosis and medical treatment of mental illness in athletes [J]. Sports medicine, 2010, 40(11):961.

[45] RICE, SIMON M, PURCELL, et al. The mental health of elite athletes: a narrative systematic review[J]. Sports medicine, 2016,46(9):1333−1353.

[46] RUTZ W, KNORRING L V, J WALINDER. Frequency of suicide on gotland after systematic postgraduate education of general practitioners[J]. Acta psychiatrica scandinavica, 1989, 80(2): 151−154.

[47] SAXENA S, EVA JANÉ−LLOPIS, HOSMAN C. Prevention of mental and behavioural disorders: implications for policy and practice [J]. World psychiatry official journal of the world psychiatric association, 2006, 5(1):5−14.

[48] SCHINKE R J, STAMBULOVA N B, SI G, et al. International journal of sport and exercise psychology international society of sport psychology position stand: athletes mental health, performance, and development[J]. Journal of sport and exercise psychology, 2018, 16(6):622−639.

[49] SELIGMAN M. Positive psychology progress − empirical validation of interventions[J]. The American psychologist, 2005, 60(5): 410−421.

[50] SHELDON K M, KASSER T, SMITH K, et al. Personal goals and psychological growth: testing an intervention to enhance goal attainment and personality integration[J]. Journal of personality, 2010, 70(1):5−31.

[51] SHANNON S, HANNA D, HAUGHEY T, et al. Effects of a mental health intervention in athletes: applying self−determination theory[J]. Frontiers in psychology, 2019, 10:1875.

[52] SHELDON K M, LYUBOMIRSKY S. How to increase and sustain positive emotion: the effects of expressing gratitude and visualizing best possible selves[J]. Journal of positive psychology, 2006, 1(2):73−82.

[53] MARK, UPHILL, DAN, et al. From mental health to mental wealth in athletes: looking back and moving forward[J]. Frontiers in psychology, 2016, 7:935.

[54] VAN SLINGERLAND, KRISTA J.DURAND−BUSH, et al. Canadian centre for mental health and sport (CCMHS) position statement: principles of mental health in competitive and high−performance sport[J]. Clinical journal of sport medicine, 2019, 29(3): 173−180.

[55] VELLA, STEWART A.SWANN, CHRISTIANBATTERHAM, et al. An intervention for mental health literacy and resilience in organized sports[J]. Medicine and science in sports and exercise, 2021, 53(1): 139–149.

[56] WAGSTAFF, CHRISTOPHER R D, LEACH, et al. The value of strength-based approaches in SERE and sport psychology[J]. Military psychology, 2015, 27:65–84.

[57] WATSON N J, NESTI M. The role of spirituality in sport psychology consulting: an analysis and integrative review of literature[J]. Journal of applied sport psychology, 2005, 17(3):228–239.

[58] WEISSBERG R P , CAPLAN M , HARWOOD R L .Promoting competent young people in competence-enhancing environments: a systems-based perspective on primary prevention [J]. J consult clin psychol, 1991, 59(6):830–841.

[59] WORLD HEALTH ORGANIZATION. The world health report 2002: reducing risks, promoting healthy life[M]. World Health Organization, 2002.

[60] WORLD HEALTH ORGANIZATION. Promoting mental health: concepts, emerging evidence, practice [M]. World Health Organization, 2005.

[61] WORLD HEALTH ORGANIZATION. Risks to mental health: an overview of vulnerabilities and risk factors [M]. World Health Organization, 2012.

[62] WEIKART D P, SCHWEINHART L J. Disadvantaged children and curriculum effects[J]. New directions for child & adolescent development, 1991(53): 57–64.

[63] ANDREW, WOLANIN, MICHAEL, et al. Depression in athletes: prevalence and risk factors[J]. Current sports medicine reports, 2015, 14(1):56–60.

[64] JINGZHEN, YANG, PEEK-ASA, et al. Prevalence of and risk factors associated with symptoms of depression in competitive collegiate student athletes[J]. Clinical journal of sport medicine, 2007, 17(6):481–487.

[65] ZENERE, FRANK, J, et al. The decline of youth suicidal behavior in an urban, multicultural public school. [J]. Suicide & life-threatening behavior, 1997, 27(4):387–402.

第三章 运动员常见心理健康症状与障碍

第一节 心理健康与心理障碍

对于大多数人而言，他们可能听说过心理健康，但是对于心理健康和心理障碍（也称心理疾病）的具体概念未必熟悉，有时会混淆两者，甚至会用心理障碍的术语来描述正常生活中的情绪，如用“我受到心理伤害”来表示“我心烦”，用“我抑郁了”来表示“我不开心”，用“我有强迫症”来表示“我很爱整洁”等。本章希望通过简要描述，帮助读者对心理健康的相关概念及生活和训练中常见的心理障碍形成清晰的认识。下面从“心理健康”“心理困扰”“心理健康问题”“心理障碍”几个看起来相似的概念展开说明。

一、心理健康

心理健康有许多不同的定义。世界卫生组织将心理健康定义为“一种幸福的状态（a state of well-being），在这种状态下，个人能够意识到自己的能力，能够应对正常的生活压力，能够卓有成效地工作，并且能够为他或她的社区作出贡献”（WHO，2005）。该定义虽然在摆脱将心理健康概念化为没有心理疾病的状态方面取得了实质性的进展，但将幸福感（well-being）视为心理健康的一个关键方面时，仍然很难与充满挑战的生活环境完全一致（Galderisi et al.，2015）。在真实的生活环境里，人们体验到幸福感的同时也可能伴随着心理障碍，如一个能在工作中表现良好，对生活感到满意的个体可能同时存在严重的酗酒问题。心理健康双维度模型则是一种新的心理健康概念和方法，它基于积极心理学的概念和相关的实证证据来解决传统心理健康模型的不足。该模型认为理想的心理健康是一种完整的状态，在这种状态下，个人不仅没有心理疾病，而且有高水平的情绪幸福感（emotional well-being）、心理幸福感（psychological well-being）和社会幸福感（social well-being）（Keyes，2005）。

总体来说，心理健康意味着个体有能力去成功地适应生活中所面临的各种挑战，这些挑战既可能是积极的，也可能是消极的。为了适应挑战，大脑会不断地学习如何应用包括情绪、认知/思维、信号功能和行为在内的所有能力；而且伴随成长和发展，我们能够接受越来越多的挑战，并成功地应对它们。基于此观点，我们在面对挑战时表现的消极情绪其实也是良好心理状态的一部分，如沮丧、悲伤、恼怒或生气都是面对挑战的正常反应；消极的想法也是如此，如"这对我来说太难了"，或"我不够好"，或"人们不喜欢我"；消极的行为也一样，如对别人大吼大叫或者逃避让我们感到有压力的情境。因此，我们在面对挑战时，感知到压力并不意味着我们没有良好的心理健康状态。事实上，能够识别压力，并学会如何成功地克服它，以解决导致压力的问题，是拥有良好心理健康的基础。

从上述双维度模型来理解，能够给运动员带来最佳功能的理想心理健康状态当然是在心理健康维度上处于高水平并在心理疾病维度上处于低水平（参见图1.1）。但在实践中我们也观察到，即便在心理疾病维度上处于高水平的运动员，也有可能会达到他/她的最佳功能水平或运动表现的最高水平，如美国游泳运动员菲尔普斯在与其抑郁症长期抗争的运动生涯中，仍然成为有史以来获得奖牌最多的奥运选手，最重要的是运动员能够得到正确的支持来实现他们的心理健康目标和运动表现目标。或许也可以这样理解，在竞技运动背景下，我们的目的是帮助运动员尽可能地在心理健康维度上保持高水平，从而促使他们能够蓬勃发展，即使一些运动员曾经或仍在经历心理疾病的困扰。

二、心理困扰

心理困扰（通常称为压力），是指在面临所处环境中的某些事件（如比赛）要求个体适应挑战时，其自身所产生的内在信号，也叫作"压力信号"（stress signal）或者"压力反应"（stress response）。每个人每天都会经历不同的心理困扰，这是良好心理状态的一部分。当挑战得以克服，心理困扰就会消失。经历日常心理困扰的个体也无须咨询，他们没有生病，更不需要治疗。个体只需通过一般的健康管理方法进行自我调节即可，如适量地锻炼、充足的睡眠、与朋友和家人相处、合理饮食、远离酒精等。

三、心理健康问题

当个体面临比平时更大的压力时，可能会出现心理健康问题（mental health problem），其实这也是正常生活的一部分，心理健康问题并不一定是心理障碍。当面对亲人离世、患上严重疾病或搬到一个陌生的城市等巨大压力时，每个人都会经历强烈的负面情绪（如悲伤、压抑、愤怒、意志消沉等），这些负面情绪通常也伴随着其他方面的困难，包括负面认知／思维（如“一切都将不同”“我不知道我的生活还能不能继续”等），躯体反应（如睡眠问题、失去活力、长期疼痛等）和行为变化（如社交退缩、回避日常活动、易怒等）。有时，伴随心理健康问题的个体也会在日常生活中表现出明显的困难。在训练基地的环境里，当运动员出现心理健康问题时，除了可以增加一些有助于减少心理困扰的调节技能培训和增进心理健康的教育活动外，往往还需要额外的支持，如通过基地心理专业人员或者外聘心理咨询师的介入来帮助他们渡过困难的情境或解决一些具体的问题。这种情况一般不需要药物治疗，而包括重要他人支持在内的社会支持则是帮助个体处理心理健康问题的关键因素。

四、心理障碍

心理障碍（mental disorder/illness）是多种不同的心理、情绪、行为失常的统称，有时也译为精神障碍。我们之所以更多地使用心理障碍，是因为心理障碍属于心理学研究范畴，侧重于说明重性精神病、器质性精神障碍以外的由心理原因导致的障碍，如神经症、焦虑障碍等。精神障碍则属于临床医学中精神病学（psychiatry）的研究范畴，更多是受生物因素的影响，如精神分裂症。因此，对于训练基地的心理专业人士而言，使用“心理障碍”更为合适。伴随心理障碍的个体通常会经历重大的、实质性的和持续性的挑战，包括情绪／感觉（如抑郁、过度焦虑等），认知／思维（如妄想、思维混乱、绝望、自杀意念等），身体（如疲劳、嗜睡、过度运动等）和行为（如拒绝训练、远离教练员和队友、企图自杀、自理能力差等）等方面。经心理健康工作人员筛查评估后，确定为心理健康高风险（怀疑为心理障碍患者）的运动员需要被转介去外部医疗机构，由精神医疗专业人士提供最佳的诊断和治疗方法，如药物、心理治疗、社会干预等。

在图 3.1 中，我们可以看到不同的心理健康状态（心理健康、心理困扰、心理健康问题和心理障碍）之间的关系，它们是具有不同且有相关特征的独特状态。

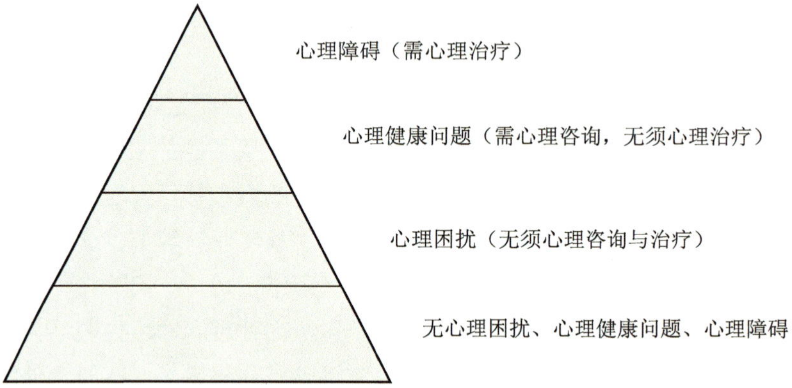

图 3.1　心理健康状态关系（MHLiteracy，2017）

本章的第二节到第七节主要描述运动员群体中常见的心理障碍，包括焦虑障碍、抑郁症、自杀、进食障碍、睡眠障碍以及创伤后应激障碍。对每一节中的心理障碍都根据现有文献，如《精神障碍诊断与统计手册》（第 5 版）（*Diagnostic and Statistical Manual of Mental Disorders 5*，DSM-5）、“国际奥委会关于精英运动员心理健康的共识声明”等，介绍定义等内容，且每一种心理障碍的运动员实例都来自我们自己的工作实践。

第二节　焦虑障碍

一、焦虑和焦虑障碍

对于人类而言，恐惧情绪（fear）发挥着重要作用。当一个人面临威胁时，身体会做出相应的生理和心理反应，帮助对抗威胁或逃离威胁，通常被称为战斗或逃亡反应。当威胁消失时，恐惧情绪也就随之消失了。如果恐惧是不现实的、过度的，并且在威胁消失后仍持续很长时间，恐惧就会变成焦虑（Golding et al.，2020）。在时间指向上，恐惧更倾向于当下，而焦虑更多地指向未来。焦虑障碍则是包括过度恐惧和焦虑的特征，且伴随行为紊乱一类障碍。相对于焦虑障碍，在竞技体育领域，竞赛焦虑或许更常被提及。竞赛焦虑通常包含认知和躯体成分，认知焦虑表现为对竞赛结果的消极预期、担忧、注意集中困难等；躯体焦虑则表现为心率加速、肌肉紧张、流汗等生理反应。运动员在重大赛事前出现竞赛焦虑是意料之中的、正常的，并不能说明其自身存在焦虑障碍。我们可以从焦虑症状的发生时间、持续时间以及严重程度三个方面对两者进行简单的区分，具体见表3.1。

表 3.1　焦虑障碍与竞赛焦虑的差异

类别	发生时间	持续时间	严重程度
竞赛焦虑	赛前	赛前至赛后	无功能方面的损害（如人际交往、正常训练等）
焦虑障碍	某一时刻	至少 6 个月	引发显著的痛苦或导致重要功能方面的损害

根据“中国精神卫生调查”2019 年公布的结果：国内成人群体的焦虑障碍是所有心理障碍中发病率最高的，其加权终生患病率为 7.6%，加权 12 月患病率为 5%（Zhang & Ji，2019）。关于运动员群体，国际奥委会也在同年发表的共识声明中提到，精英运动员广泛焦虑障碍的患病率为 6%（临床确诊）、社交焦虑障碍为 14.7%（自陈式测量结果）、惊恐障碍为 4.5%（自陈式测量结果）（Reardon et al.，2019）。虽然目前暂未发现国内有关运动员群体的流行病学的系统性研究，但对比以上数据，预估焦虑障碍在国内运动员群体的发病率未必低于常人群体。

二、焦虑障碍的特征与诊断标准

目前，常见的焦虑障碍有以下几种。

（1）广泛性焦虑障碍（generalized anxiety disorder）。基本特征是个体对于诸多事件或活动产生过度的焦虑和担心（焦虑性期待）；而且此类担心比非病理性的焦虑更为广泛、明显，病程更长，并伴随明显的躯体症状，如坐立不安等。日常生活中的担心是不会出现这类情况的。DSM-5 关于广泛性焦虑障碍的诊断标准见表 3.2。

表 3.2　DSM-5 关于广泛性焦虑障碍的诊断标准

A	在至少 6 个月的多数日子里，对于诸多时间或活动表现出过分的焦虑和担心（焦虑性期待）	
B	个体难以控制这种担心	
C	这种焦虑和担心与右侧 6 种症状中至少 3 种有关（在过去 6 个月中，一些症状在多数日子里存在）	1. 坐立不安或感到激动或紧张 2. 容易疲倦 3. 注意力难以集中或头脑一片空白 4. 易激惹 5. 肌肉紧张 6. 睡眠障碍（难以入睡或保持睡眠状态，或为休息不充分的、质量不满意的睡眠）
D	这种焦虑、担心或躯体症状引起有临床意义的痛苦，或者导致社交、职业或其他重要功能方面的损害	
E	这种障碍不能归因于某种物质的生理效应或其他躯体疾病	
F	这种障碍不能用其他精神障碍来更好地解释	

（2）惊恐障碍（panic disorder）。核心症状是反复的、意外的惊恐发作，惊恐发作时，突然汹涌而来的强烈的害怕或不适在几分钟内就会达到顶峰。不同个体或同一个体在不同时期的发作频率各有不同，多则一天数次、少则数月一次。这种类型的焦虑可能在没有任何诱因下（有的可能在特定情境）发生，通常会有一种末日即将来临的感觉，同时会伴随着相继的或复杂的躯体和认知症状，如心跳加速、呼吸急促、恶心、出汗、濒死感等。DSM-5 关于惊恐障碍的诊断标准见表 3.3。

（3）社交焦虑障碍（social anxiety disorder）。基本特征是个体对社交情境存在显著或强烈的害怕或焦虑，害怕自己的言行或焦虑症状（如脸红、出汗、结巴等）会导致负面评价。DSM-5 关于社交焦虑障碍的诊断标准见表 3.4。

表 3.3　DSM-5 关于惊恐障碍的诊断标准

A	反复出现不可预期的惊恐发作。一次惊恐发作是突然发生的、强烈的害怕或强烈的不适感，并在几分钟内达到高峰，发作期间出现右侧 4 项及以上的症状（这种突然发生的惊恐可以出现在平静状态或焦虑状态）	1. 心悸、心慌或心率加速 2. 出汗 3. 震颤或发抖 4. 气短或窒息感 5. 哽噎感 6. 胸痛或胸部不适 7. 恶心或腹部不适 8. 感到头昏、脚步不稳、头重脚轻或昏厥 9. 发冷或发热感 10. 感觉异常（麻木或针刺感） 11. 现实解体（感觉不真实）或人格解体（感觉脱离了自己） 12. 害怕失去控制或“发疯” 13. 濒死感
B	至少在一次发作之后，出现右侧症状中的 1 ~ 2 种，且持续 1 个月(或更长时间)	1. 持续地担忧或担心再次惊恐发作或结果（如失去控制、心脏病发作、“发疯”） 2. 在与惊恐发作相关的行为方面出现显著的不良反应（如设计某些行为以回避惊恐发作，如回避锻炼或回避不熟悉的情况）
C	这种障碍不能归因于某种物质的生理效应或其他躯体疾病	
D	这种障碍不能用其他精神障碍来更好地解释	

表 3.4　DSM-5 关于社交焦虑障碍的诊断标准

A	个体由于面对可能被他人审视的一种或多种社交情况但时而产生显著的害怕或焦虑，如社交互动（对话、会见陌生人）、被观看（吃、喝的时候），以及在他人面前表演（演讲）时
B	个体害怕自己的言行或呈现的焦虑症状会导致负性评价（被羞辱或尴尬，导致被拒绝或冒犯他人）
C	社交情况几乎总是能够促发害怕或焦虑
D	主动回避社交情况或是带着强烈的害怕或焦虑去忍受
E	这种害怕或焦虑与社交情况和社会文化环境所造成的实际威胁不相称
F	这种害怕、焦虑或回避通常持续至少 6 个月

G	这种害怕、焦虑或回避引起有临床意义的痛苦，或者导致社交、职业或其他重要功能方面的损害
H	这种害怕、焦虑或回避不能归因于某种物质的生理效应或其他躯体疾病
I	这种害怕、焦虑或回避不能用其他精神障碍来更好地解释
J	如果其他躯体疾病（如帕金森病、肥胖症、烧伤或外伤造成的畸形）存在，这种害怕、焦虑或回避则是明确与其不相关或过度

（4）广场恐怖症（agoraphobia）。基本特征是个体由于真实地或预期接触不同情境（如乘坐公共交通工具、开放空间、密闭空间、拥挤人群、独自离家等）而激发的显著或强烈的害怕或焦虑，而且广场恐怖症几乎总能引起个体的害怕或焦虑，并伴随强烈的回避行为。DSM-5 关于广场恐怖症的诊断标准见表 3.5。

表 3.5　DSM-5 关于广场恐怖症的诊断标准

A	对右侧 5 种情况中的 2 种及以上感到显著的恐惧或焦虑	1. 乘坐公共交通工具（如出租车、公共汽车、火车、轮船或飞机） 2. 处于开放的空间（如停车场、集市或桥梁） 3. 处于密闭的空间（如商店、剧场或电影院） 4. 排队或处于拥挤人群之中 5. 独自离家
B	个体恐惧或回避这些情况是因为想到一旦出现惊恐样症状或其他失去功能而出现窘迫的症状（如大小便失禁）时，害怕难以逃离或得不到帮助	
C	广场恐惧情况几乎总是触发害怕或焦虑	
D	个体总是主动回避广场恐惧情况，需要人陪伴或带着强烈的害怕或焦虑去忍受	
E	这种害怕或焦虑与广场恐惧情况和社会文化环境所造成的实际危险不相称	
F	这种害怕、焦虑或回避通常持续至少 6 个月	
G	这种害怕、焦虑或回避引起有临床意义的痛苦或导致社交、职业或其他重要功能方面的损害	
H	即使有其他躯体疾病（如炎症性肠病、帕金森病）存在，这种害怕、焦虑或回避也是明显过度的	
I	这种害怕、焦虑或回避不能用其他精神障碍的症状来更好地解释	

三、对运动表现的影响

并非所有的焦虑都是不好的。事实上，如果控制得当的话，一定程度的焦虑可以促进运动表现。许多没有焦虑障碍的运动员在重大比赛中都会感到压力所带来的焦虑或不安。通常，运动员可通过有助于专注、注意力集中和运动表现的心理技能训练来帮助自身解决这些问题。然而，患有焦虑障碍的运动员可能无法有效和积极地管理自身的焦虑，且不同的焦虑障碍，其影响也会有所不同。通常，焦虑障碍的症状可能会对运动员的注意力产生负面影响。起初，运动员会因为躯体或心理的某些症状或表现而分心，类似的问题可能会出现在赛前、赛中或者赛后。在赛前，他们更多地担心自己会有糟糕的表现，进而增加自身的恐惧；在赛中，很多运动员难以集中注意力，或者他们将更多的关注点放在消极体验而非积极体验上；在赛后，尤其是当运动表现不够好的时候，他们会担心自己的“不够好”会让重要他人（如教练员、队友、家人、朋友等）失望（Thompson & Sherman，2007）。

四、对策

伴随焦虑障碍的运动员是否应该继续训练或比赛呢？从生理健康的角度来看，并没有特别的因素表明运动员不应该继续参与运动，除非在某种程度上会使运动员经历更大的受伤风险。从心理 / 情绪健康的角度来看，运动员是否接受训练或比赛则是受争议的。一方面，运动员参与训练或者比赛可能会帮助他们从目前的焦虑症状中转移出来，不继续参与训练或比赛的话，可能给运动员创造一些空闲时间去产生困扰和焦虑。此外，运动的物理性质在某种程度上有助于部分焦虑情绪的释放，而较少的焦虑情绪有助于减少对管理焦虑症状的行为的需求。另一方面，继续参与训练或比赛也可能成为一种压力源或困扰，进而引发更多管理焦虑症状的行为。因此，有焦虑障碍的运动员是否应该继续参与训练或比赛，应该由外部正规医院的精神科医生和心理健康工作人员商讨后，选择最有利于运动员康复的方案。

此外，患有焦虑障碍的运动员通常会乐于接受帮助，他们已经因为各种症状的长期出现而感到疲劳甚至筋疲力尽，并且正在寻求缓解的途径和方法，如寻求专业帮助。对于心理健康工作人员的介入，他们可能会积极地回应，但也可能非常担心工作人员对他们的看法，这就是焦虑的本质。鉴于他们的怀疑、担心和强迫思维，我们需要提供合理的支持和安慰。对于具体的干预和治疗方法，属于精神科范畴（精神科医生等专业人员的工作范畴），在本书我们不做过多阐述。

五、实例

实例 1：惊恐障碍

A是一名20岁的花样游泳女运动员，一般这个年纪的女孩可能在读大学，但A在队里已经是个“大姐姐”了。A来到省队训练已经10年了。在一次常规心理健康筛查中，A因为焦虑分数较高而参加了本次心理咨询，以下是A在咨询中自述改编节选。

我觉得自己还好吧，挺正常的呀！毕竟我又不用怎么练，跟她们比，我日子过得舒服得很呢——除了每天要去做很久的治疗吧。我因为腰伤已经有很长一段时间没正常训练了，队医说要治好得做手术，恢复期要半年。半年？那下次全国赛我肯定上不了了！虽然现在我也是个废人了。唉……

小时候我是被爸妈送去学游泳的，后来有教练去我们那儿选苗子，我因为条件合适就被选去练花泳了，后来慢慢到了市队、省队，以前好像大家都夸我的。几年前出去比赛的时候还有粉丝喊我的名字呢，我都不认识他们。我跟队友们关系还不错，我从小属于比较大大咧咧的性格，也没什么特别矛盾。和教练也还行，但我现在不能练了，对队伍来说就没用了，她们没说但我觉得是这样，我也想过退役去读大学。但是，怎么说呢，我不甘心！我想参加全国赛的，我们省花泳队从来没拿过全国冠军，大家心里一直憋着股劲，我也想一起努力、一起使劲！但我好失败啊，是废人。

确实有个问题困扰我很久了，我好像有些心脏方面的问题，不知道怎么说，就是我总是会没来由地一阵心慌，我觉得我的心脏都要跳出来了。这种情况有一年多了。队医带我去做过几次检查，医院说心脏没问题，不过我觉得他们只是没检查到而已。我还会很担心，我也问过自己，但我不知道自己在担心什么，你看过灾难片吗？遮天蔽日的海啸马上就要来了，你跑也跑不掉的，周围没人知道这个事，你知道但你什么也做不了、跑不掉，只能等着末日降临，马上就要死了，就是那种感觉吧。这不是心脏问题吗？基本上一星期会出现三四次吧，有时候在训练场，有时候在宿舍。我记得很清楚，有一次我在宿舍跟室友一起刷剧，突然我手一抖，心跳开始加速，我知道又要来了，我赶紧自己坐到一边。那时候我看什么都很恐惧，宿舍楼可能会倒塌，我也可能会死，当时马上闭着眼睛不敢再看了。心跳得很快，我的手也在抖，后面缓了一会儿也就好了。室友说我脸色苍白，满头的汗，问我是不是又心脏不舒服了，我说没事，缓一会儿就好了。昨天下午也是，我当时在泳池边监督小队员练体能，突然我又开始心慌手抖了，心跳得都有点痛，我看着泳池非常害怕，我赶紧背过身去，过了好一会儿才好，我又装作没事儿人一样继续看训练。

我一直以为我是有什么心脏病。心脏病很可怕，可能会猝死，我有个大伯就是心脏病，会不会遗传到我？有时候晚上想到这些我也会吓得睡不着。我奶奶也到处求神拜佛，我不太信，但医生都查不出问题，我会不会真是中邪了？

A 在咨询师的建议下去医院就医。在排除器质性病变后，A 被诊断为惊恐障碍。经过一段时间的药物及心理治疗，A 恢复了健康。

实例 2：广场恐怖症

运动员B，女，15岁，某省队训练基地运动员，2021年10月在队伍集训过程中接受心理咨询。

以下是经过咨询师处理后的咨询记录节选（注：咨询师简称为“咨”，该运动员简称为“B”）。

B：是我表姐说我应该去看心理医生，我说我们训练基地也有心理老师，所以今天就过来了。

咨：谢谢你的信任，表姐为什么会这么说？

B：全运会结束后我们不是放假了嘛，但是我，跟之前一样，不想出门，我胆子变小了。那天表姐来我家玩，之后要带我出去聚会，我怎么也不愿意，一想到要坐地铁要去商城我吓得都出汗。我只是胆子小，她就觉得我要看精神科。她还跟我妈说了，我妈也不放心，说我好像这次回家是有点胆小。

咨：你刚刚提到“一想到要坐地铁要去商城我吓得都出汗”，可以具体说说吗？

B：我以前也不这样，应该关在队里太久了吧。长期集训，很少有机会出去，只有周末有手机用，给家里打打电话，其他跟平时一样训练吃饭上课睡觉，有时挺想出去的，甚至晚上还会梦见自己翻墙出去了！外面白茫茫一片一个人都没有，然后我就一路往机场跑，我觉得跑到机场就能回家了，这个梦我记得很清楚。后面大概过了有大半年吧，终于有比赛了，我记得当时第一次坐大巴出去，就是感觉很不适应，很难受，外面一切都感觉很陌生，外面这些马路、店铺都跟我记忆里的好像不一样了，我很害怕，想回去，当时我整个人都在抖……那次比赛我的成绩也很糟糕，只要一踏上去训练场的大巴，我脑子里就一直在想周围人是不是有病，他们的病会不会传染我，我怎么跑怎么逃，一直在喘气发抖。去餐厅也很难受，排队的时候我不想跟其他人一起，我就赶着餐厅刚开门的时候赶快去吃，那时候人少，那几天整晚整晚睡不好，一方面害怕再去坐大巴、去餐厅、去赛场；另一方面也很不解我为什么胆子这么小了，这样会不会影响比赛？后来果然没比好，唉。

咨：后来呢？

B：那次比赛回来以后我就更怕了，去饭堂吃饭我会早点去或者晚点去，不想跟其他人站在一起，你知道吗，我现在一想到等下回去集合点名我都很怕。

咨：距离你那次比赛到现在有将近一年了，一年期间这种“胆小”的情况有什么变化吗？

B：在基地里其实还好，一直到9月全运会之前我们都是集训状态，我也没出去，今年也没回家过年，在基地里可以比较容易避开那些我害怕的情况，只要不去想其实还好。但是全运会后我们放假了嘛，我老家在南方离这很远，以前我每年只能过年才回家待几天，这样算起来我就是时隔三年第一次回家，但这次假期我一直窝在家不太出门，出门我也只能打车的，坐公交或地铁一想到我就怕，唉。

咨：现在一年多了，你现在坐公交或地铁的时候主要是怕什么呢？

B：我有点不确定，好像是，又好像不是，但就是怕，怕死吧，那么多人在一起很危险啊，可能会有踩踏、有火灾，我控制不了自己，脑子里一直想这些，越想越怕。我问了其他人，他们不会这样，我不会真的是精神病吧？

咨：根据心理测试和你的描述，我建议你可以去医院找专业医生看一下，如果确定原因就可以对症治疗。这个问题困扰你这么久了，你应该也想早日解决吧？

B：是的，可以。

经过医院精神科评估，B 被确诊为广场恐怖症，经过一段时间的治疗，B 的症状得到缓解。

第三节　抑郁症

一、正常的抑郁和抑郁症

情绪主要包括两种形式，即心境（mood）和激情（passion）。心境是一种比较微弱且长时间持续存在的情绪状态，它不是关于某一特定时间的特定体验，具有弥漫性的特点。激情则是一种强烈的、爆发式的、短暂的情绪存在形式。因此，心境障碍（mood disorders）更适合用于描述长期的抑郁发作（major depressive episode）或躁狂发作（manic episode）现象（Sekhon & Gupta，2021）。抑郁发作是一个以抑郁症状为特征的时期，具体症状见表 3.6。与之相反，躁狂发作是一个以躁狂症状为特征的时期，相关症状主要包括情绪高涨（elevated）、精力充沛、思维奔逸（flight of ideas）以及其他极端和夸张的行为等。

表 3.6　DSM-5 关于抑郁发作和抑郁症的诊断标准

A	在同样的 2 周时期内，出现 5 个及以上右侧的症状，表现出与先前功能相比不同的变化，其中至少一项是：	1. 几乎每天大部分时间都心境抑郁，既可以是主观的报告，也可以是他人的观察 2. 几乎每天或每天的大部分时间，对于所有或几乎所有的活动兴趣或乐趣都明显减少

A	①心境抑郁；②丧失兴趣或愉悦感（不包括那些能明确归因于其他躯体疾病的症状）	3. 在未节食的情况下，体重明显减轻或体重增加，或几乎每天食欲都减退或增加 4. 几乎每天都失眠或睡眠过多 5. 几乎每天都精神运动性激越或迟滞 6. 几乎每天都疲劳或精力不足 7. 几乎每天都感到自己毫无价值，或者过分地、不适当地感到内疚 8. 几乎每天都存在思考或注意力集中的能力减退或犹豫不决 9. 反复出现死亡的想法，反复出现没有特定计划的自杀观念，或有某种自杀企图，或有某种实施自杀的特定计划
B	这些症状引起有临床意义的痛苦或导致社交、职业或其他重要功能方面的损害	
C	这些症状不能归因于某种物质的生理效应或其他躯体疾病	
D	这种抑郁发作的出现不能更好地用分裂情感性障碍、精神分裂症、精神分裂症样障碍、妄想障碍或其他特定的精神分裂症谱系及其他精神病性障碍来解释	
E	从无躁狂发作或轻躁狂发作（若所有躁狂样或轻躁狂样发作都是物质滥用所致，或归因于其他躯体疾病的生理效应，则此排除条款不适用）	

注："在同样的2周时期内"是指在连续的2周时期内。

抑郁情绪就是我们在现实生活中，遭遇到令人悲哀的事件后所产生的哀伤、沮丧、悲观甚至绝望等反应，是正常的情绪反应。大多数情况下，只要增加新的刺激，抑郁情绪便会在短期内自行缓解。因此，我们将此类短期存在的抑郁情绪称为正常的抑郁，如痛失至亲的哀伤。

根据DSM-5，心境障碍可以分为双相及相关障碍（bipolar and related disorders）（如双相Ⅰ型障碍，bipolar Ⅰ disorder；双相Ⅱ型障碍，bipolar Ⅱ disorder等）和抑郁障碍（depressive disorder）（如抑郁症，major depressive disorder；持续性抑郁障碍，persistent depressive disorder等）。目前，国内成人群体心境障碍的加权终生患病率为7.4%（加权12月患病率为4.1%），仅次于焦虑障碍的7.6%（Zhang & Ji，2019）。其中抑郁症是最常见的心境障碍，其加权终生患病率为3.4%，加权12月患病率为2.1%，中国约有41.1%的抑郁症患者共病其他心理障碍，其中29.8%的患者共病焦虑障碍（Huang et al.，2019）。本节主要描述心境障碍中的抑郁症。

抑郁症（major depressive disorder，MDD），也会译为重性抑郁障碍，但此译

法有时会混淆心理障碍的严重程度（轻度、中度、重度），因为“抑郁症”这一名称已经涵盖了所有不同的严重程度。因此，我们选用“抑郁症”一词。当个体经历了一次或多次抑郁发作，且没有躁狂发作时，我们将其称为抑郁症。不过在判断一次的抑郁发作时，需要留意将个体在经历重大丧失时的反应（如丧失至亲的哀伤）与抑郁发作区分开来。前者随着时间会逐渐减弱，并以波浪式呈现，即一阵阵的悲痛，这样的悲痛通常与想起逝者有关；而抑郁发作则是广泛的不幸和不快乐，而且伴随毫无价值感或自我憎恨的感觉。

相较于心理障碍，未能达到某一特定障碍诊断标准的心理健康症状（mental health symptoms）更为常见，但它们不一定会诱发显著的痛苦或功能损害（Reardon et al., 2019）。以评估抑郁症为例，当个体表现出表 3.6 中所提及的部分或全部症状，但未能达到抑郁症的诊断标准时，则描述为该个体出现了抑郁症状。国外精英运动员抑郁症状的发病率介于 4% ~ 68%（Reardon et al.，2019）。较高水平的赛事、运动损伤、超过 3 次的脑震荡经历、性别（女性）以及个人项目都有可能是抑郁症状的潜在风险性因素（Golding et al.，2020）。目前，国内关于运动员抑郁症状和抑郁症的研究较少。

二、抑郁症的特征和诊断标准

抑郁症除了体重变化和自杀观念，其诊断标准中的症状必须是几乎每天存在或被观察到的，其中诊断标准 A ~ C 就已经构成了抑郁发作。此外，我们也可以通过《国际疾病分类》第 10 次修订本（*International Classification of Diseases, Tenth revision*，ICD-10）的标准来判断抑郁发作的严重程度（重度、中度、轻度）。当患者在至少 2 周的时间内：①出现 3 条典型症状和 5 条附加症状时，诊断为重度抑郁发作；②出现 2 条典型症状和 3 条或 4 条附加症状时，诊断为中度抑郁发作；③出现 2 条典型症状和 2 条附加症状时，诊断为轻度抑郁发作。具体症状表现见表 3.7。

表 3.7　ICD-10 中抑郁发作的典型症状和附加症状

典型症状	附加症状
a. 几乎全天心境抑郁，几乎天天如此	a. 缺乏自信心或自尊

续表

典型症状	附加症状
b. 对日常活动缺乏兴趣或愉悦感	b. 不合情理地自责
c. 精力减退，易疲劳	c. 反复出现自杀或想死的念头
	d. 思维能力减退，注意力不集中
	e. 精神运动性改变、激越或迟滞
	f. 睡眠障碍
	g. 食欲改变

三、对运动表现的影响

通过对抑郁发作症状的了解，不难发现个体生活的大多方面都受到了一定程度的负面影响，运动表现也不例外。事实上，如果运动员进食与睡眠不佳，并且感到疲劳和倦怠，从生理学的角度来讲均会降低自身的运动表现。再加上情绪低落、积极性降低、注意力差以及消极念头等症状的出现，同样很难保证其能继续拥有良好的运动表现，甚至导致不必要的运动损伤。同时，不好的运动表现和损伤反过来又会增加运动员的抑郁症状、渴望表现更好的压力以及受伤的风险，如此形成恶性循环。

四、对策

根据患者症状的不同严重程度，精神科医生和心理健康工作人员需要做出必要的治疗决策和跟进措施。继续训练和比赛对运动员可能有益，也可能无益。限制有抑郁症的运动员参加运动可能会增加抑郁的风险，因为运动训练与比赛可以为运动员提供一种认同感、一种自尊或成就感。如果允许有抑郁症的运动员继续参与训练和比赛，需确保其接下来所接触的训练内容不会对抑郁症状产生负面影响或加重抑郁症状。

五、实例

实例 1：重度抑郁症

C 是一名 19 岁的自行车运动员。他的教练认为他最近有些不对劲，跟他说话他好像听不懂似的，反应有点慢，让他训练他也不积极，之前不这样，教练担心他会不会精神出问题了。

以下是C的心理咨询记录改编节选（注：咨询师简称为“咨”，该运动员简称为“C”）。

咨：最近不太舒服？

C：嗯……好像有点……

咨：具体是怎么样的？

C：……有点累吧……提不起劲……

咨：情绪怎么样？

C：……不好。

咨：具体怎么不好呢？

C：……（停顿很久）不高兴吧。

从上面的咨询记录不难看出，C在与咨询师的咨询中有明显反应迟缓，此外他在全程谈话过程中一直低着头，有明显面容僵硬的状态。据C的自述，他最近大概3周感觉自己提不起劲，什么都不想做，“比如一想到喝水要去拿杯子就觉得很累，不想拿，就干脆坐很久没去喝水”，他甚至有两次和教练撒谎说生病而逃避训练，因为“一想到要打开门、下楼、走去训练馆这些，就很累”。

近期情绪一直比较低落，C说自己会没来由地突然很难过，想哭，可能是走在路上，可能是在宿舍坐着的时候，之前自己不是这种性格，几乎没有哭过，但上周他几乎两三天就会忍不住哭一次，“没有特别的原因，真的很难过”，而且“吃不下、睡不着，好像什么都做不了了”。最近C的食欲下降明显，“吃饭没胃口，体重比之前掉了很多”，睡眠变差，总是早醒，睡得也浅，几乎每天都是。C说自己之前训练之余喜欢刷短视频，和队友们一起刷搞笑的视频，还爱看游戏直播，但最近不看了，“以前觉得很好笑但现在就是笑不出来，感觉没意思”。难受的时候C也想过结束自己的生命，但具体的想法他不想细说。

咨询师从教练处了解到，此前C是一个爱笑爱玩的大男孩，“很懂事，我有高血压，有时候出去比赛他还会提醒我按时吃药”。C在一年前失去了一次大赛资格，那件事对他打击很大，之后C在考虑是否要退役去读大学以及选择哪所大学。但教练觉得这件事已经过去很久了，最近也没有发生什么特别的事，C怎么突然就这样了。

咨询师也跟C的队友了解了情况，队友说C从去年那次预选赛失利之后就经常心情不好了，“差不多算是离梦想最近的一次了吧”，队友们也经常鼓励他，过了一段时间感觉他也渐渐走出来了。但最近他心情很差，不愿意跟队友们一起玩，就喜欢自己坐在那儿，好像也没做什么，就一坐坐很久，队友还听到过C半夜抽泣的声音，“我都怕他会不会想不开”。

在征得C本人以及教练的同意后，我们通知其父母来带C去医院就诊，但父母很难接受，他们认为C只是因为考大学这些事情心情不好，回去休息一段时间就行，去看了精神科对他影响不好，别人会歧视他，吃药对身体会有副作用。

在咨询师、教练的耐心劝导下，父母终于同意带C去医院就医，后C被诊断为重度抑郁，接受了专业治疗。

实例2：中度抑郁症

D是一名17岁花样滑冰女运动员，在一次全队心理健康测试中因为分数较高而参加了本次咨询评估。

以下是D的心理咨询记录改编节选（注：咨询师简称为“咨”，该运动员简称为“D”）。

咨：我看到你的心理测试结果，请问你最近睡眠怎么样？

D：不太好。

咨：可以具体描述一下吗？

D：有大概1个月了，不吃药就睡不着，一直躺在那里很难入睡，睡了也容易醒。之前队医安排我去外面看医生，开了中成药，一开始有效，后面效果又不好了，医生让一天最多喝2袋，我现在得喝4袋才行。

咨：最近一段时间食欲怎么样？体重有变化吗？

D：胃口不好，不太想吃，吃点零食对付一下。最近不想去食堂，就是到点了也没什么饥饿感，好像不知道饿一样，但是一直不吃也不行，就饼干、面包这些吃一点。体重的话比一个月前差不多掉了4公斤了。

咨：最近吃饭睡觉都不太好，白天训练怎么样？

D：就是很累，感觉体力不够。

咨：最近训练压力大吗？

D：不知道。马上有一个选拔赛，教练、队伍期望挺大的，我觉得我选不上。最近几场测试我表现得都一般吧，我觉得自己不行的，没有教练期望的那么好。我之前成绩比较好，后面去年有一次赛前腿被冰刀刺伤了，当时差点还划到脸，那次比赛就没比，之后休息了大半年才完全恢复训练，但是年底比赛比得也不好，别人可能就觉得我再也恢复不到受伤前的水平了。我也怕再受伤。教练一直觉得我可以，我做不到。我怕我尽全力也表现不好，测验前我会给自己下最糟糕的心理预设，自己肯定是一塌糊涂的。

咨：距离你伤后完全恢复也有半年多的时间了，我看你的样子好像很疲惫，说话也有点慢，你一直是这样的性格或者说状态吗？

D：不是，我之前不是这样。教练也说我没有活力，我应该是最近一年吧，慢慢变成这样。

咨：你最近的情绪是怎么样的？

D：会突然心情沮丧，会莫名其妙地一个人哭这样，最近一个月几乎每天都是，就是在宿舍床上拉上帘子，可能哭一两个小时。队友可能觉得我挺累的吧，我也觉得就是很累。有时候就突然很悲伤，也不知道为什么，也没有具体的事情，感觉就是“被悲伤淹没”了。

咨：你有过伤害自己的想法吗？

D：有，很难受的时候有，但是没有真的做。

咨：有考虑过去医院看心理科或者精神科吗？

D：之前去看睡眠门诊的时候，医生也让我去看心理科，但是我爸妈觉得不用去，他们觉得医院就开药，有一点不高兴就给你诊断成抑郁症。后面我就没有去。

咨：那你自己是怎么想的呢？

D：我也不知道，可能需要吧。

在咨询师的建议下，D在队医陪同下到本市一所医院精神科就诊，医生诊断为中度抑郁。在经过一段时间的抗抑郁治疗后，D的症状得到缓解。

第四节　自杀

一、自杀及相关概念

自杀企图 / 未遂（suicidal attempt）是指一个自我导向的、非致命的，但有潜在伤害性的事件，并伴随死亡的意图（Rao，2020），如“我曾经吃了很多安眠药，后来被送进医院”，“我上星期有过割腕自杀”。自杀意念（suicidal ideation）是指涉及自杀企图 / 未遂的想法、考虑和 / 或计划（Rao，2020），如“我想死，我想自杀”，“死了算了，反正活着也没什么意思”。国外精英运动员群体中大约有 1/6 的个体经历过自杀意念（Timpka et al.，2021）。

根据世界卫生组织的《2021 世界卫生统计报告》（*World Health Statistics 2021*），2019 年全球有将近 70 万人因自杀而死亡，其中男性自杀比例是女性的 2 倍左右；在中国，2019 年每 10 万人中就有 8.1 人因自杀而死亡。北京回龙观医院与中国国家疾控中心于 2000 年合作的调查结果显示：抑郁症是导致患者自杀的首要原因，可使自杀的危险性增加 20 倍；酒精滥用可使自杀的危险性增加 6 倍；严重的躯体疾病也容易引发抑郁情绪，这类病患也属于自杀的高危人群。此外，运动员可能会经历的脑震荡（concussion）或轻度的创伤性脑损伤（traumatic brain injury）经历同样会增加自杀风险（Fralick et al.，2019）。

二、对自杀的常见误解

1.自杀是一种不合理的行为

从自杀者的角度而言，几乎每个采取行动自杀的人都有充足的理由。如果不能理解和接纳他们，彼此之间的信任关系也就很难建立。

2.声称自杀的人并不会真正自杀，自杀的人都不会说出来

要结合具体背景，部分自杀的患者，确实会在自杀前说自己要自杀，因此在面对有自杀言论的个体时，有必要留意，必要时可做自杀的危险因素评估（如近期痛苦程度、是否有自杀计划、经历重大事件以及社会支持情况等）。

3.自杀的人的确想死，阻拦是没有用的

事实上，企图自杀的人只有少数是下定决心要结束生命，但大部分还是希望能够有人救他 / 她，并给予他 / 她真诚的关注和帮助。

4.自杀未遂后，自杀的危险就结束了

事实上，很多时候的自杀未遂，是人类的求生本能拯救了自杀者的生命，自杀未遂并不代表回心转意。第一次自杀只是试探性的，割脉时可能刀口很浅，服用的药物剂量也不一定致死，但自杀者会不断地通过尝试积累“经验”，直到成功为止。通常，自杀最危险的时候是在情绪高涨期。自杀未遂后的情绪高涨期更应得到及时的关注。

5.自杀的人都有精神疾病

通常，自杀人群中，精神疾病患者占少数，大部分是伴随重度抑郁症、被虐待、失恋或者其他情感状态的正常人（夏园，2019）。

三、对策

目前，现有的药物疗法、心理治疗等对于自杀群体的积极效果很小，因此最有效的应对方式就是预防（van Heeringen，2019）。为了有效预防自杀，一方面迫切需要心理和神经生物学指标来进行自杀风险的识别；另一方面就是有针对性地治疗。通常，自杀的诱因是多方面的，是近端和远端特征（proximal and distal characteristics）相互作用的结果，其中近端特征主要指自杀个体患有的心理障碍，如抑郁症；而远端特征主要指自杀个体的基因因素和早期生活逆境，如童年期被虐待等（ Van H K，2018）。有条件的训练基地的心理健康工作人员可以对有关运动员开展早期自杀倾向的评估和日常心理健康教育工作。

此外，训练基地管理层和心理健康工作人员可以尝试共同制定一个预防运动员自杀的方案，便于提供给教练和其他支持人员（如队医、联络员等）共同执行。方案应包括且不限于以下内容：①可转介的资源名称和电话，如当地的心理健康热线，外部挂钩医院的精神科医生等。②保证有自杀倾向的运动员不会独处。这对于有自杀倾向的运动员来说非常重要，可以避免运动员独处时会采取割腕或吞食大量安眠药等自杀行为。③向运动员提供预防自杀的教育课程或工作坊课程等。

四、实例

实例 1：自杀企图 / 未遂

E 是一名射击运动员，女，17 岁，今天她跟队医说想让队医帮忙安排和心理老师单独聊聊。

以下是 E 的心理咨询记录改编节选（注：咨询师简称为“咨”，该运动员简称为“E”）。

E：我其实就是想知道我是不是真的需要看医生，如果看病吃药能让我不这么难受我就去看。

咨：最近怎么了？

E：很烦躁，很多事。训练的，生活的，家里的，很多事情吧。

咨：我看你好像黑眼圈很重，最近睡得不好吗？

E：确实睡得不好，我是跟几个大姐姐住一屋，我睡得早，她们很晚睡，她们会看电视剧或者视频聊天，屏幕的光就很刺眼，我得戴眼罩塞耳塞，但很不舒服的。我在这个宿舍住挺长一段时间了，但是我最近越来越烦躁吧，睡得很浅，会被惊醒那种，又要过很久才睡着。

咨：为什么最近越来越烦躁？

E：感觉压力大，训练上最近状态不太好，教练对我也不太满意，经常被骂，教练说我这样下去下个月比赛肯定不会让我上的。白天都感觉很乏，集中不了注意力吧，我觉得自己思考能力好像有点下降，感觉自己反应变慢了吧。男朋友也说最近跟我打电话时，我老心不在焉，其实我不是，就是有时候集中不了还是怎么的，脑子断了话就说不出来了。我之前不会这样，就算再累脑子也是清醒的，你知道我们这个项目是很需要专注稳定的，需要去感受那种正确的动作感觉。我一般打完一枪都会闭上眼回想一下，但是最近不行，闭上眼我脑子整个是乱的，雾蒙蒙的。

咨：最近情绪怎么样？

E：最近情绪特别糟糕，昨天晚上我自己在宿舍洗手间哭了很久，本来是怕影响其他人特地跑去洗手间，结果没控制住还是哭出声了。后面一个姐姐还安慰我。我之前几乎不太哭的，但最近哭了几次了，今天中午午休的时候还哭了。

咨：最近发生什么事了吗？

E：很多，家里的事情。我爸妈很早就离婚了，他们后面也有自己的家庭，我虽然是跟我妈的，但很小就被送去体校了，一开始练的体操，后来转的射击。我练体育以后，爸妈都不怎么管我的，一直就是没人管没人要的。上个月，我妈跟我说爸爸确诊了癌症，是晚期，现在家里一团乱。我觉得是报应，是他当年先不要我妈的，我才会变成这样孤家寡人一个，我跟其他人不一样，其他人拿不到成绩练不好大不了退役，有父母，我没有退路的，没人能帮我，我不敢输。其实我想我真是不该活着，如果他们没有我这个女儿就好了，我活着是个累赘。

咨：你想过自己不该活着？有这种想法多久了呢？

E：好几年了吧，不过之前这些想法也不是很强烈。

咨：你有没有过伤害自己的想法或行为？

E：因为感觉心里很难受，心里很痛的感觉，想找一个方法转移注意力嘛，我就会用刀或者剪刀划自己，但我怕划太深留下印记被看到，所以每次只划得流一会儿血，可以不被发现。上体能课，我还要穿长袖遮住，教练还问过我，我说怕出汗吹风冷到，其实穿长袖挺热的。因为我就是看着自己流血的时候心里会比较舒服，有那种放松的感觉，可以抵消那种心里难受的感觉。但是现在效果不好了，只能管几分钟了。

咨：你有过更进一步伤害自己的想法或者行为吗？

E：我想过啊，我想找一个没人在宿舍的时候，自己在卫生间，可以直接拿刀往手腕脉搏跳的这里划深一点，然后泡在热水里，电影里不都那样嘛，血就不会凝固，然后过一两个小时就可以过去了。再过半个月，就是我生日了嘛，我想过是等下周三的时候吧，那天训练课可以偷溜，会比较合适，不会被人发现，我可不想被救回来，还要痛苦受罪。

咨：今天为什么会想找心理老师聊聊？

E：我在网上看过这样的文章，我觉得自己可能是有抑郁症什么的，我也在网上搜索过，但都是要收费或者让你填信息给你打电话的，我怕是骗子，网上那些人说如果是抑郁症，吃药就行了，所以我就想我是不是也能吃个什么药就可以没这么痛苦了，我想看看。

咨：通过我现在了解到你的情况以及问卷测试结果，我认为你确实有必要去专业的医院诊断一下，如果确诊了积极配合医生对症治疗，我相信你的症状就能缓解。在此之前，我希望你能够向我保证不要伤害自己，让医生和我一起来帮助你。

E：嗯，可以。

E 在本市医院精神科诊断为重度抑郁。经过药物和心理治疗，E 逐渐恢复了健康并继续投入训练。

实例 2：自杀企图 / 未遂

2020 年 3 月的一天，某训练基地篮球队领队联系运动心理咨询师，他告诉咨询师队里一名男运动员 F 昨天半夜给他打电话，说自己控制不住想从楼上跳下去。领队找到他跟他聊了一个多小时，F 才稳定下来。领队希望咨询师能跟 F 聊一聊，他很怕 F 真出事……

以下是 F 的心理咨询记录改编节选（注：咨询师简称为“咨”，该运动员简称为“F”）。

F：是我们领导让我来跟您聊一下的。昨晚我是真的想好了的，就说打算跳下去的。但是因为我毕竟在队里，又不是在没人认识的地方，想想还是给领队打了电话，他也很关心我，马上就来安慰我了。我知道他说为我好，但我这段时间就是睡不着觉，我没开玩笑，我真的觉得自己快疯了！为什么我们不能回家？我是本市人，之前基本上每周都会回家，现在已经快两个月了！我每天回到房间都不知道干什么，刷着手机，感觉每天都像世界末日一样！我真的快疯了！

咨：最近怎么睡不好？

F：差不多一星期吧，我都没怎么睡好，每天晚上我其实很早就上床了，差不多九点，然后十一点这样就放下手机准备睡了，但基本都要熬到可能三四点才能睡着，早上七点多起床训练，中午也不行，可能躺半个钟吧。整个身体状态都是耗竭的，我自己特别烦躁，还会不停出汗，就是稍微训练一会就出很多汗，昨天还头晕耳鸣。晚上睡不着也是，出汗，心跳得很快。我试了很多方法，网上有教的什么呼吸冥想都试了，听音乐什么的，都不行。夜深人静的时候脑子里还会有一个声音，劝我去伤害别人，为什么不让我们回家？但我又不想去伤人，我是队长，我是所有人的开心果，只有我去劝别人、鼓励别人，我从来没有这样过，我真的很失败，怎么会这么脆弱？我不敢跟家里人说，他们肯定会很失望！更何况我妈身体不好，几个月前刚做完手术，我都不知道她现在是不是真跟电话里说的那样好，家里有什么都不跟我说的，我的家境一般，我前两年才开始拿工资能帮助家里一些，之前供我训练，父母压力很大，我不能让他们失望。

咨：最近训练怎么样？

F：不好。我去年跟腱断了做了手术，再加上休养恢复，我因为这个伤错过了差不多四场比赛，而且听说后续有的比赛会临时取消，我感觉自己真的完了。我直到现在脚也没有完全恢复，训练量一大就要歇，我感觉自己像个残废一样，这是我第一次受这么大的伤，我本来想着今年能参加比赛的。我现在不敢跟爸妈讲这个事情，我知道他们不会怪我参加不了比赛，但运动员不能比赛训练还有什么目标？我不像其他队友那样有成绩有家底，我如果不能拿到成绩我以后还能干什么，大学都上不了。你别看我现在还能笑着跟您说这些，我真的很痛苦，晚上想得烦了真的很想从阳台跳下去一了百了。

咨：看得出来你真的很痛苦，最近因为集训不能回家，加上妈妈身体不好、伤病问题、比赛取消，还有你对自己前途的担忧，连续失眠，这些问题加在一起让你很痛苦，是吗？

F：是……是……差不多是这样，其实这些我没有人可以说，我不能给父母分忧更不想给他们添麻烦，在队里我也不想给大家带来负能量，我之前真不是这样的，我觉得自己挺可笑的。

咨：你承受了很多压力，但其中很多是你自己给自己的，接下来我们会聊聊你的训练、你的家庭、你的运动生涯等等长期困扰你的问题，以及如何改善睡眠。

经过几次咨询，F 向咨询师倾诉了自己的烦恼，并与咨询师一起分析了造成他目前情绪困扰的原因，让他对自己的心理状态有了清楚的理解，之后 F 的睡眠和情绪都有了明显改善，重新投入了训练。

第五节　进食障碍

一、进食障碍与进食紊乱

进食障碍（eating disorders），是指会影响个体生理与心理的异常进食习惯。进食紊乱（disordered eating）是一个病理学的连续体，从亚临床的运动性厌食症（anorexia athletica，以控制饮食和过度运动为特征，与运动表现的关系更强，与身体形象的关系较弱）开始到临床的进食障碍以及其他医学并发症结束，如神经性厌食（anorexia nervosa）、神经性贪食（bulimia nervosa）以及非典型性进食障碍（eating disorder not otherwise specified）（Mountjoy et al.，2014）。也就是说，所有进食障碍都包括在进食紊乱中，但并非所有进食紊乱都符合某一进食障碍的诊断标准。大部分进食障碍的起因都是尝试减体重，其实控制饮食或节食减肥都可能是进食紊乱的一种。因此，节食减肥是进食障碍主要的前兆或诱因。对于进食紊乱个体来说，他们既会做出不规律性地限制进食、自我催吐或者服用减肥药等控制体重的行为，又会注意大部分食物的营养参数，通常不会对个体功能造成损伤。但对于高水平训练环境下的运动员来说，进食紊乱依然有可能会带来不利的影响，如运动中相对能量不足。

目前，国内成人群体的进食障碍的加权终身患病率为 0.1%，加权 12 月患病率低于 0.1%（Huang et al.，2019）。国际奥委会的共识声明（Reardon et al.，2019）提到进食紊乱和进食障碍在精英运动员群体中是普遍存在的。男性运动员发病率通常介于 0 ～ 19%，女性介于 6% ～ 45%。在项目种类上，强调瘦型身材的项目（如体操、赛艇、单车等）通常比不强调瘦型身材的项目（如球类项目、举重、射击等）有更多的运动员出现进食紊乱（Mancine et al.，2020）。除了普通的风险性因素（如文化、家族、基因等），运动特定性风险性因素包括：为提高运动表现而节食、减重的压力、过早开始体育专项训练、过度训练、伤病的复发和不愈合、不适当的教练员行为（如对运动员体型的不恰当评论）等（Sundgot-Borgen et al.，2013）。目前，国内关于运动员进食紊乱和进食障碍的研究较少，且主要集中在女性运动员群体。

二、进食障碍的特征和诊断标准

（一）神经性厌食

基本特征是持续的能量摄取、强烈害怕体重增加或变胖或持续地妨碍体重增加的行为、对自我的体重和体型产生感知紊乱。DSM-5 关于神经性厌食的诊断标准见表 3.8。

表 3.8　DSM-5 关于神经性厌食的诊断标准

A	相对于需求而言，在年龄、性别、发育轨迹和身体健康的背景下，出现了因限制能量的摄取而导致显著的低体重。显著的低体重被定义为低于正常体重的最低值或低于儿童和青少年的最低预期值
B	即使处于显著的低体重，仍然强烈害怕体重增加或变胖或有持续地影响体重增加的行为
C	对自己的体重或体型的体验障碍，体重或体型对自我评价的不当影响，或者持续地缺乏对目前低体重的严重性认识

其中，关于低体重世界卫生组织建议当成人的 BMI ≤ 17 千克 / 平方米时，便可视为显著低体重；儿童和青少年则参照对应的 BMI 百分比。此外，伴随神经厌食的患者通常不认为自己有问题，更不会主动求医，有时需要家人等重要他人陪同就医。

（二）神经性贪食

神经性贪食指个体反复性暴饮暴食，并伴随防止体重增加的补偿性行为（如自我催吐、过度运动、滥用泻药等），以及过分关注自身体重和体型的一种进食障碍。DSM–5 关于神经性贪食的诊断标准见表 3.9。

表 3.9　DSM–5 关于神经性贪食的诊断标准

A	反复发作的暴食，暴食发作具有右侧 2 项特征	1. 在一段固定时间内进食（如在任何 2 小时内），食物量大于大多数人在相似时间段内和相似场合下的进食量 2. 发作时感到无法控制进食（如感觉不能停止进食或控制进食品种或进食数量）
B	反复出现不恰当的代偿行为以预防体重增加，如自我催吐，服用泻药、利尿剂或其他药物，禁食或过度锻炼	
C	暴食和不恰当的代偿行为同时出现，并且出现频率维持在 3 个月内平均每周至少 1 次	
D	自我评价受到身体体型和体重的过度影响	
E	该障碍并非仅仅出现在神经性厌食的发作期	

（三）非典型性进食障碍

非典型性进食障碍包括伴随部分神经性厌食症或神经性贪食症诊断标准的进食问题。催吐似乎能带来一种解脱感，但这只是暂时的，很快就会变成痛苦和内疚。有些人使用泻药，但这些不会导致体重减轻。相反，它们会导致身体脱水，进而较难吸收身体所需的维生素和矿物质。人们可以做出很多努力来打破这种模式，但是狂吃—催吐—锻炼这一循环模式，以及与该循环模式所相关的感觉，都会变得强迫和难以控制。例如，暴食障碍（binge eating disorder）也是非典型性进食障碍的一种，主要特征就是大量进食但不催吐。DSM–5 关于暴食障碍的诊断标准见表 3.10。

表 3.10　DSM–5 关于暴食障碍的诊断标准

A	反复发作的暴食，暴食发作具有右侧 2 项特征	1. 在一段固定时间内进食（如在任何 2 小时内），食物量大于大多数人在相似时间段内和相似场合下的进食量 2. 发作时感到无法控制进食（如感觉不能停止进食或控制进食品种或进食数量）

续表

B	暴食发作与右侧 3 项特征（或更多）有关	1. 进食比正常情况快得多 2. 进食直到感到不舒服的饱腹感出现 3. 在没有感到身体饥饿时进食大量食物 4. 因进食过多感到尴尬而单独进食 5. 进食之后感到厌恶自己、抑郁或非常内疚
C	对暴食感到显著的痛苦	
D	在 3 个月内平均每周至少出现 1 次暴食	
E	暴食和神经性贪食中反复出现的不恰当的代偿行为无关，也并非仅仅出现在神经性贪食或神经性厌食的病程中	

三、对运动表现的影响

正如前文所述，进食紊乱现象可以通过进食紊乱行为的持续时间和形式（如禁食、催吐、滥用利尿剂等极端的控体重方法），以及运动专项对运动员生理方面的要求（如强调瘦型身材的项目）等因素对精英运动员的运动表现产生影响（Karrer et al.，2020）。首先，因进食紊乱引发的营养摄入不足可能会导致运动员营养不良、脱水、抑郁、焦虑以及因饮食和体重所产生的困扰；其次，进食紊乱会使运动员的注意力、与情绪共处的能力降低。

过度节食则会对运动员的最大摄氧量和跑步速度产生消极的影响。大部分存在进食紊乱的运动员会限制能量摄入，如他们不会摄入足够的碳水化合物（最佳能量来源），因为碳水化合物被认为是“长胖”的关键因素，进而会导致糖原损耗。当碳水化合物摄入不足时，身体就会将蛋白质转化为一种低效的能量，蛋白质的不足又会导致肌肉相关的受伤或变弱的风险增加。以上种种状况均会对运动员的运动表现产生消极影响，通常进食障碍和进食紊乱对运动表现的影响不是即刻的，而是会随着时间的推移逐渐产生（Thompson & Sherman，2007）。

四、对策

进食障碍不仅会影响运动员的情绪，还会损害他们的身体健康。从表面看，最简单的解决办法是禁止伴随进食障碍的运动员参加训练，直到他们完全康复。但这对于经过心理健康专业人士评估后，没有达到转介标准的运动员似乎过于苛刻，因此建议他们继续保持训练。原因如下：继续留在队伍中具有归属感，运动员的饮食和状况更容易监控，可能会促进必要的饮食改善等。

另外，存在进食障碍的运动员通常会否认问题的存在，或者担心承认问题的存在后会导致自己提前结束运动生涯。因此，他们可能会拒绝心理健康工作人员的建议和帮助。对策之一是帮助运动员关注自身的健康，这或许比让他们直接面对自身进食障碍的证据要更好。

此外，需要不定期地向教练员、运动员提供进食障碍相关的健康知识教育，以及定期的心理和生理指标评估，这对于运动员进食障碍的预防也是有必要的。条件允许的训练基地也可以提供必要的进食障碍咨询热线，如上海 SMHC 进食障碍诊疗中心于 2021 年 7 月开通的国内第一条进食障碍免费咨询公益热线。

五、实例

实例 1：神经性贪食

某训练基地新来了一名康复治疗师小李。在一次治疗中，他偶然发现一名蹦床女运动员 G 的手背关节处有几个暗色疤痕。经过几次询问，G 向他透露了自己的“秘密”。之后小李建议 G 应该和心理咨询师谈一谈，经过队伍负责人的同意，G 来到了咨询室。

以下是 G 的心理咨询记录改编节选（注：咨询师简称为“咨”，该运动员简称为“G”）。

G：我们领队通知我来的，是不是谁说我有心理问题？

咨：为什么这么说？

G：我知道肯定是她们又说我，我现在已经懒得搭理她们几个了，动不动就生气、说我的不是，还跟教练告状，有什么问题我们不能沟通的，女人真的是……！我是很大大咧咧的性格，不像她们那样小肚鸡肠，我都不知道我来了有什么好聊的？

咨：我听你们领队说你经常会抠喉咙？

G：（沉默）嗯……这跟心理有什么关系吗？

咨：我比较好奇，我知道你们蹦床运动员对体重要求比较高，运动员为了保持体重很辛苦。那你这样有多久了呢？

G：好几年了……可能三年吧……之前我不用控体重，可能年龄小没发育，人也比较瘦，后面开始发育了，就要控体重了。开始要控体重之后我每天称体重的时候都很怕，因为只要超了标准就要去跑步。后面偶然有一次我因为喝水喝多了很难受，不小心吐了，一下子把胃里的东西都吐了，我当时突然灵光一闪觉得可以用这个方法吃东西，就这样一发不可收拾了吧，就是吃很多再抠喉咙，这样就不会超体重。

咨：用这个方法的话，那现在你的体重控制得怎么样？

G：我很胖，我现在体重比年初涨了2公斤，九个月我涨了这么多！其实我现在也发现了，吐好像不能让我真的瘦，反而让我控制不住大吃。恶性循环吧，因为吐掉很舒服很放松，吃的过程我也很高兴，就那种感觉很好，每次我就像疯了一样，控制不住自己一直吃，还是狼吞虎咽的，我知道自己看起来有多恶心，我自己也讨厌自己，但是我就像魔怔了一样，控制不住的。我好像每天的生活都是围绕着吃和吐，我每天都在琢磨等会儿怎么空出更多时间去吃更多，然后去哪里吐不会被人发现，找什么借口支开别人……我变了，我跟周围人越来越疏远，我要拼命掩盖这件事。之前我在宿舍吐多了，队友觉得很脏很难闻，还跟教练告状，我跟教练讲我从小就有胃病，我甚至去网上查了胃病的症状记下来，防止教练再找我谈话。之后我就不敢在宿舍吐了，我得去找公共地方，尽量找没人的时候，这成了我最大的秘密。我跟之前不一样了，我现在更喜欢自己待着，周围人也没那么喜欢我了，我以前明明很无忧无虑的。我有时候都会想我怎么会变成这样，我这样活着有什么意思，我以后怎么办。我真的很怕，我也想过明天开始就不吐了，下周开始……下个月开始……但没有一次成功。我太害怕了，我觉得我只要不吐，明天肯定会涨3公斤！那我不如死了算了！

咨：长期催吐应该会让你身体很难受吧？

G：小李哥哥跟我讲过，他说我的牙齿这么黄，还有缺钙很严重都跟这个有关，他说都是被胃酸烧的。我还有心脏的毛病，就是有时候会心跳加速，之前去医院查过，不过应该跟这个没关系。

咨：我看到你手背上的疤？

G：嗯。牙磨的。

咨：你的父母知道这件事吗？

G：我妈知道，她很疼我的，知道我控体重很难，她也让我少抠喉咙，说这么做对身体不好。但我觉得自己已经走得太远了，就好像一开始被魔鬼引诱走上这条路，现在走太远了，已经完全被魔鬼控制，我回不去了。

之后在咨询师的劝导以及队伍负责人的努力下，G去医院被诊断为进食障碍，接受了专业的药物和心理治疗。

实例2：暴食障碍

在一次年度心理健康筛查中，一名曲棍球运动员H因为饮食问卷评分较高而参与了本次咨询。

以下是H的心理咨询记录改编节选（注：咨询师简称为“咨”，该运动员简称为“H”）。

咨：上次填问卷有没有什么印象比较深的题目？

H：有，就是关于那个减肥，暴饮暴食的。

咨：我看到你填的了，最近是有暴饮暴食？

H：嗯，是。其实很长一段时间了，从去年下半年……应该9月份开始的，到现在有差不多半年了。就是我自己感觉是因为被关得太久了，有点拿吃东西来宣泄情绪，因为我每次吃完之后心里会舒服很多，才会这样吧……

咨：可以描述一下吗？你吃的有多少？

H：主要就是吃零食。我在食堂吃得不是很多，但晚上在宿舍里就很无聊很焦虑吧，就会找东西吃。我吃得太多了，饼干、面包、泡面、卤味、坚果……很夸张的，我会吃到实在吃不下胃很难受了才会停下来，有几次忍不住吐出来了。我知道吃多了很难受而且会越来越胖，但是只有吃东西的过程我才能感觉到放松舒服，能感觉到高兴，其他时候我都很少能高兴起来。

咨：现在体重比之前涨了多少？

H：这半年涨了差不多16公斤，真的挺夸张的，别人也会说我怎么胖成这样了，我听了挺难受的。

咨：你试过改掉这个习惯吗？

H：想改，但是控制不了，因为我经常会很烦，想宣泄的话就一定得吃东西，吃完又对自己长胖更烦，就是一个死循环。我之前又给自己定过目标，就是体重要到多少，可一旦达不成我就会很焦虑，然后焦虑又会吃。我也想减肥啊，但是控制不住，我发胖这么严重还是因为吃零食吃的，我在食堂吃得没那么多。

咨：这件事对你的训练生活造成很多困扰吧？

H：是的，我非常在意这件事情，但是又改变不了。我现在也很自卑吧，觉得自己不行，不好，不如其他人。因为比赛安排的调整，我错过了最后一年打青年赛的机会，之后我的年龄就只能打成年的了，更难了……我的水平在队里很一般，不是重点，之前在考虑退役去读大学，父母也同意的。我是在外面有报班学英语和钢琴的，但因为长期集训，我觉得我的计划都被打乱了，这也是我烦的原因之一。我现在脾气也不好，就是很容易想发脾气，就一点点小事会有点控制不了自己情绪，感觉情绪被放大吧，容易生气焦虑，队友也开玩笑说我最近怎么有点躁，整个人很烦躁的样子。你说我变成这样了能不烦躁嘛，我自己统计了一下，我一个月可能只有三四天没有暴饮暴食的，所以几乎每天我都会这样，才瘦不下来。我也不是因为饿才吃，就真的是不受控制的那种，就想一直拿着吃，感觉吃完之后人才会放松一点，但是放松之后还有更大的罪恶感。我每天只想自己戴着耳机听歌自己待着，不是很想去理会别人，有时候就听着歌发呆，也没有心思干别的。

咨：有想过其他途径求助吗？

H：没有，我之前觉得自己应该能减下来的，但是这么久了，体重一直没下来。我在网上查过为什么会暴食，网上说这是正常的减压方式，说我是压力大才会这样。

咨：结合你的描述以及问卷测试结果，我觉得你的情况可能是和心理有关的，你愿意去专业心理门诊检查一下吗？

H：好，可以。

之后，H 在医院被诊断为暴食障碍，接受了专业治疗。

第六节　睡眠障碍

一、睡眠不足与睡眠障碍

睡眠不是一种被动的休息状态，而是一种重建、修复、重组和再生的主动状态，对大脑和身体至关重要。以健康成年人为标准，睡眠时间不足 7 小时便可定义为睡眠不足。但对于青少年运动员来讲，每日的睡眠时间需要保持在 9 ~ 10 小时。国外已有研究综述了睡眠不足对个体大脑和身体的影响，其中包括损害认知、学习和记忆的巩固、心理健康；破坏细胞的生长和修复以及葡萄糖的代谢，并降低对疫苗接种的保护性免疫反应；降低对呼吸道感染的抵抗力等（Walsh et al., 2021）。睡眠障碍主要指个体持续一个月以上出现睡眠不足等问题，并引发主观疲劳感、焦虑或客观的运动表现下降等不良反应。

截至 2021 年，我国已有超过 3 亿的人患有睡眠障碍（中国睡眠研究会，2021）。关于运动员群体，目前国内暂未发现大样本的精英运动员睡眠质量的普查数据。但已有研究人员在部分省级训练基地（石幼琪等，2004）、自治区体工队（莫轶，2016）开展相关调查，前者发现 60.5% 的运动员存在运动性失眠（主要由运动训练或体育竞赛等相关因素导致的失眠问题），其中有 5% 属于持久性心理生理性失眠（运动性失眠症）；后者获得的关于运动员群体的睡眠障碍发生率为 15.5%。运动员睡眠质量的评估可以分为主观评估和客观评估，常用的有睡眠日记、匹兹堡睡眠质量指数问卷（PSQI）、多导睡眠图、体动图以及商业睡眠技术（如可穿戴手环）等（陆姣姣，邱俊，2020）。

二、睡眠障碍的特征和诊断标准

（一）昼夜节律睡眠—觉醒障碍（circadian rhythm sleep disorders）

在谈及此障碍前，我们先来了解运动员群体常见的生理节律紊乱（circadian dysregulation），它是指个体睡眠—觉醒模式与他（她）当时所处环境的作息时间不一致的现象。该现象在运动员群体中十分普遍，尤其是训练时间紧张、频繁跨越不同时区的运动员。而长期的生理节律紊乱不仅会降低运动表现，还有引发心理障碍的风险，如昼夜节律睡眠—觉醒障碍。国内也有研究对国家级训练基地的精英运动员进行大赛阶段睡眠模式的监控。在赛前和比赛阶段，运动员更多地会表现出夜间睡眠片段化的浅睡眠特征，且由训练到正式比赛过程中，夜间睡眠时相逐渐延迟，尽管每天总睡眠时间保持在正常范围（廖鹏等，2016）。DSM–5关于昼夜节律睡眠—觉醒障碍的诊断标准见表 3.11。

表 3.11　DSM–5 关于昼夜节律睡眠—觉醒障碍的诊断标准

A	一种持续的反复发作的睡眠中断模式，主要由于昼夜节律系统的改变，或在内源性昼夜节律与个体的躯体环境或社交或职业时间表所要求的睡眠—觉醒周期之间的错位
B	睡眠中断导致过度有睡意或失眠或两者兼有
C	睡眠紊乱引起有临床意义的痛苦或导致社交、职业和其他重要功能的损害

（二）失眠障碍（insomnia disorder）

基本特征是入睡困难或维持睡眠困难所导致的对睡眠数量或质量的不满意。DSM–5 关于失眠障碍的诊断标准见表 3.12。

表 3.12　DSM–5 关于失眠障碍的诊断标准

A	主诉对睡眠数量或质量的不满，伴有右侧 1 个（或更多）相关症状	1. 入睡困难 2. 维持睡眠困难，其特征表现为频繁地觉醒或醒后再入睡困难 3. 早醒，且不能再入睡
B	睡眠紊乱引起有临床意义的痛苦或导致社交、职业、教育、学业、行为和其他重要功能的损害	
C	每周至少出现 3 晚睡眠困难	
D	至少 3 个月存在睡眠困难	
E	尽管有充足的睡眠机会，仍出现睡眠困难	
F	失眠不能很好地用另一种睡眠—觉醒障碍来解释，也不仅仅出现在另一种睡眠—觉醒障碍的病程中（如发作性睡病、与呼吸相关的睡眠障碍、昼夜节律睡眠—觉醒障碍、睡眠异态）	
G	失眠不能归因于某种物质的生理效应	
H	共存的精神障碍和躯体状况不能充分解释失眠的主诉	

（三）睡眠呼吸暂停（sleep apnoea）

睡眠呼吸暂停指运动员在睡眠期间，出现的周期性的暂停呼吸或呼吸减弱的现象。根据 DSM-5，最常见的睡眠呼吸暂停就是阻塞性睡眠呼吸暂停低通气，其中呼吸暂停是指完全的气流缺失，低通气则是指气流的减少，最主要的症状就是夜间睡眠打鼾和日间困倦，更为精确的判断则需要借助多导睡眠图监测。DSM-5 关于阻塞性睡眠呼吸暂停低通气的诊断标准见表 3.13。

表 3.13　DSM-5 关于阻塞性睡眠呼吸暂停低通气的诊断标准

下列 A 或 B		
A	由多导睡眠图提供每小时睡眠至少有 5 次阻塞性呼吸暂停或低通气的证据，以及右侧睡眠症状之一	1. 夜间呼吸紊乱：打鼾、打鼾 / 喘息或在睡眠时呼吸暂停 2. 日间困倦，疲劳或尽管有充足的睡眠机会，但睡眠仍不能让人精神焕发，且不能更好地用另一种精神障碍来解释（包括睡眠障碍），也并非另一种躯体状况所致
B	由多导睡眠图提供每小时睡眠有 15 次或更多的阻塞性呼吸暂停和 / 或低通气的证据，无论伴随症状如何	

三、对运动表现的影响

国外关于运动员睡眠的质和量与运动表现的关系探索，目前主要集中在睡眠的时间上，即量的方面。同时，睡眠时间对运动表现的影响主要考虑两个方面：一个是运动项目的需求，即对速度、战术、技巧方面有要求的运动项目对睡眠时长更加敏感；另一个则是睡眠干预的周期，即长期的睡眠干预（longer-term sleep manipulations，数周或数月反复使用改善睡眠的策略）比急性睡眠干预（acute sleep manipulation，1 ~ 3 日的改善周期）对运动表现的积极效果更优（Kirschen et al.，2018）。

睡眠不足通常会降低运动员的认知、反应时间、情绪状态 / 情绪稳定性和运动表现，且精英运动员特别容易受到睡眠不足的影响，其特点是习惯性睡眠时间短（<7 小时 / 晚）和睡眠质量差（如睡眠碎片化）（Bird，2013）。但是睡眠不足的运动员可能会从小睡形式的睡眠中受益，如 30 分钟的午休可以帮助运动员改善警觉性、困倦感、短期记忆、选择反应时间测试的准确性以及提高 20 米冲刺成

绩（由 3.97 秒降至 3.87 秒）（Waterhouse et al.，2007）。从运动表现的角度来看，小睡对运动员在训练期间和竞争环境中具有潜在的好处。

四、对策

对于生理节律紊乱，一方面，项目中心以及教练员需要根据当下训练与比赛安排，合理安排运动员的睡眠时间，减少因行程等因素对运动员睡眠—觉醒模式的影响，特别是需要跨越时区赴国外比赛的运动员；及时筛查睡眠不足的运动员；向运动员普及充足睡眠对最佳运动表现重要性的知识等。另一方面，睡眠卫生等策略的使用有益于运动表现（Walsh et al.，2021）。运动员也可以根据《睡眠十律》进行日常的自我调节。

（一）睡前洗热水澡

其实令人犯困的原因并非洗热水澡时自身体温的上升，而是体温从较高温度逐渐开始下降的过程，当体温下降到正常体温时，也就是睡意正浓的时候，此时更容易入睡。

（二）减少光源

夜间体内褪黑激素含量的增加有助于入睡。我们的视网膜中含有对光线敏感的色素，当感受到光线时，大脑将会接收到来自视网膜传递的信息，并减少褪黑激素的分泌量。因此夜间睡眠时，室内光源不宜太强，必要时可佩戴眼罩或者更换遮光效果好的窗帘。

（三）选择富含碳水化合物的食物

食物在一定程度上可以调节我们的疲劳感，午餐摄入蛋白质可以有效缓解下午的困意，而晚餐摄入碳水化合物则更有助于夜间睡眠。

（四）草药的辅助

薰衣草是具有芳香气味和舒缓神经的花，可以通过使用薰衣草精油或者泡一杯花茶等方式来改善睡眠。

（五）减少咖啡因、酒精的摄入

咖啡因的摄取不仅会延长入睡时间，还会使深度睡眠的时间变短，无法让我们得到充足的休息。酒精虽然可以帮助我们快速入睡，使深度睡眠的时间延长，但下半夜醒着的时间同样会更长，并不能帮助我们保持睡眠。

（六）限制睡眠

夜间卧床时间不可超过正常睡眠时间，并保证每天在同一时间起床。

（七）适当打盹

运动员可以选择在 13 点左右午休，每次打盹时间以半小时为宜。

（八）改善睡眠质量

睡前 15 分钟进行肌肉紧绷和放松练习可以有效地放松身体，促进睡眠。

（九）饿个肚子，不怕时差

远距离乘坐飞机会出现时差现象，飞行期间可以选择禁食，只喝水，直到当地早餐时间再饱餐一顿。这样人体的食物钟会进行重新计时，进而让生物钟重置。

（十）减少睡觉时的打鼾

睡觉打鼾会影响到我们的身体健康，选择口腔湿润条等让口腔保持湿润，可以有效减少睡觉时的打鼾。

五、实例

睡眠障碍

运动员 I 是一名 19 岁的跳水女运动员，有长期失眠的困扰。科研人员对其进行了一段时间的膳食和营养干预，但效果一直不好，于是介绍 I 来运动心理这边看看能不能有办法。

以下是 I 的心理咨询记录改编节选（注：咨询师简称为“咨”，该运动员简称为“I”）。

咨：我听你们科研姐姐说你睡眠不太好？

I：对，挺久了，之前试了很多方法助眠，队医、科研，包括家里人都给我想办法，我还吃过褪黑素，效果都不好。

咨：持续多久了呢？

I：今年年初开始的，当时是要准备体育单招考试，因为我们跳水这个项目很卷嘛，对我这种水平一般的运动员来说想拿成绩免考其实挺难的，所以就要参加考试。当时复习时候压力很大，很担心考不上，会睡不好。但其实好像也没有现在这么严重。

咨：后面考完了呢？

I：我也以为考完了没压力了就好了，我现在也读大一了。但是没有，感觉睡眠情况更不好了，从年初到现在都快一年的时间了，睡不好。

咨：可以描述一下你具体怎么睡不好吗？

I：就是睡不着，入睡困难，比如说我十点半躺在床上，我很想早睡，我也已经很困了，然后放下手机，但躺着就很精神。就总会出现那种“我已经很想睡了，但是反而还不困”的情况，然后我差不多凌晨一点，甚至两三点才睡着。考试前的时候可能就一周一两次这样，但后面考完试反而越来越严重，现在基本上一周四五次会这样睡不着。

咨：午睡怎么样？

I：中午还行，中午能睡差不多两个小时，但是醒了头很晕，下午训练昏昏沉沉的。

咨：在这之前你睡觉习惯是怎么样的？

I：我以前是倒头就睡的人，就是放下手机几分钟内就睡着，晚上最少睡8个小时吧，但现在晚上就不到6个小时，甚至4个小时。在床上翻来覆去，我每次都会想我今晚一定要早睡，一定要赶紧睡，但不知道怎么就是睡不着，躺在那儿真的很难受。现在睡不着变成了常态。

咨：睡眠不好这对你的训练生活这些影响大吗？

I：挺大的，第二天会起不来，尤其对上午训练影响很大，会头晕眼花，注意力不集中吧，眼睛也有很多红血丝，不舒服。有时候我站在跳板上会感觉自己脑子一片混乱，经常“炸鱼”，反正状态不是很好。训练的时候也经常想发脾气，感觉自己脾气变大了，以前也不会这样。每天就是白天浑浑噩噩，晚上一躺床上就十分精神。我还觉得自己免疫力好像下降了，很容易生病，之前没有的，还有点记不住东西。我感觉自己一直在强撑着，没办法要训练啊，就很累很疲惫的感觉。我真的很烦这个事，把我整个人都搞得很崩溃，我都担心自己是不是得了什么癌症了。

咨：最近有什么让你觉得有压力的事情吗？

I：其实没有，我那段时间备考确实压力很大，但之后就没有了。

咨：你睡觉的时候会不会打呼噜？或者梦游？

I：我没有，我睡觉挺安静的，室友没说过我打呼噜，也没人说过我梦游什么的。

咨：睡眠不好的这一年有没有用特别的药？平时有喝酒吗？你知道有些运动员还可能接触毒品。有些药物酒精会让你神经兴奋，影响睡眠。

I：没有，我们会比赛嘛，会检查兴奋剂，不敢随便吃什么。我也很少喝酒。

咨：通过你刚刚的描述，我认为你在睡眠习惯和对睡眠的认知方面存在一些偏差，我们可以尝试一些方法来改善你的睡眠。

之后，咨询师使用认知疗法及放松训练对I进行了一段时间的干预后，她的入睡困难情况得到明显改善。

第七节　创伤后应激障碍

一、创伤后应激障碍

创伤后应激障碍（post-traumatic stress disorder，PTSD），是指个体在经历异乎寻常的威胁性或灾难性应激事件或情境后引起的精神障碍。它有可能是急性的，或延迟出现或长期持续存在。但并非所有经历过创伤性事件的人都会患上创伤后应激障碍，它在一定程度上取决于个人或家庭的抑郁史以及所经历创伤的严重性和持久性。更重要的是，不要将正常的负面情绪与创伤后应激障碍混淆，对一件压力事件感到不安不属于创伤后应激障碍。创伤后应激障碍与引起压力的、困难的、不寻常的或普通的生活挑战无关。通常，患者在经历创伤事件以后会经历一段无明显症状的潜伏期后才会发病。潜伏期可以是几天、几周甚至几个月，但大多数会在6个月之内，超过半年才出现症状的患者很少。

对于运动员群体而言，他们可能会在参加运动训练之前（童年时期）或运动职业生涯中经历创伤性事件（情境），类似经历既可能来自运动内（如运动损伤），也可能来自运动外（如生活事件）。在国外，相关症状和障碍在运动员群体的发病率（12.5%左右）要高于普通群体（8.7%），且女性运动员的发病率要高于男性运动员（Lynch，2021），其中运动损伤也可能是诱发性的创伤事件之一（Aron et al.，2019）。目前国内尚未在运动员群体展开相关的具体研究。

二、创伤后应激障碍的特征和诊断标准

DSM−5 中对于成年人、青少年和 6 岁以上儿童创伤后应激障碍的诊断标准见表 3.14。

表 3.14　DSM−5 关于成年人、青少年和 6 岁以上儿童创伤后应激障碍的诊断标准

A	右侧 1 种（或多种）方式接触于实际的或被威胁的死亡、严重的创伤或性暴力	1. 直接经历创伤性事件 2. 亲眼看见发生在他人身上的创伤性事件 3. 获悉亲密的家庭成员或亲密的朋友身上发生了创伤性事件 4. 反复经历或极端接触创伤性事件中令人作呕的细节
B	在创伤性事件发生后，存在右侧的一个（或多个）与创伤性事件有关的侵入性症状	1. 创伤性事件反复的、非自愿的和侵入性的痛苦记忆 2. 反复做内容和 / 或情感与创伤性事件相关的痛苦的梦 3. 分离性反应（如闪回），个体的感觉或举动好像创伤性事件重复出现 4. 接触象征或类似创伤性事件某方面的内在或外在线索时，产生强烈或持久的心理痛苦 5. 对象征或类似创伤性事件某方面的内在或外在线索，产生显著的生理反应
C	创伤性事件后，开始持续地回避与创伤性事件有关的刺激，具有右侧 1 项或 2 项情况	1. 回避或尽量回避关于创伤性事件或与其高度有关的痛苦记忆、思想或感觉 2. 回避或尽量回避能够唤起关于创伤性事件或与其高度有关的痛苦记忆、思想或感觉的外部提示
D	与创伤性事件有关的认知和心境方面的负性改变，在创伤性事件发生后开始或加重，具有右侧 2 项（或更多）情况	1. 无法记住创伤性事件的某个重要方面 2. 对自己、他人或世界持续性放大的负性信念和预期 3. 对创伤性事件的原因或结果持续性地认知歪曲，导致个体责备自己或他人 4. 持续性的负性情绪状态 5. 显著地减少对重要活动的兴趣或参与 6. 与他人脱离或疏远的感觉 7. 持续地不能体验到正性情绪

E	与创伤性事件有关的警觉或反应性有显著的改变，在创伤性事件发生后开始或加重，具有右侧2项（或更多）情况	1. 激惹的行为和愤怒的爆发 2. 不计后果或自我毁灭的行为 3. 过度警觉 4. 过分的惊跳反应 5. 注意力有问题 6. 睡眠障碍
F	这种障碍的持续时间（诊断标准 B、C、D、E）超过1个月	
G	这种障碍引起临床上明显的痛苦，或导致社交、职业或其他重要功能方面的损害	
H	这种障碍不能归因于某种物质的生理效应或其他躯体疾病	

此外，与普通群体相比，运动员的 PTSD 和其他创伤相关障碍的诊断还需考虑其所处的运动环境，非典型性症状可能会包括：运动表现得不一致、躯体不适的增加以及对特定运动的回避症状等（Aron et al.，2019）。更多契合国内社会—文化环境下的运动员诊断标准有待进一步研究和建立。

三、对运动表现的影响

不论患者的创伤后应激障碍是关于训练的还是关于生活事件的，其症状均可能通过回避、过度警觉和分离行为严重影响运动员的社会心理和运动相关功能；且与运动损伤有关的创伤后应激障碍，训练场景可能会触发与损伤相关的痛苦记忆，进而可能延迟其肌肉骨骼损伤的恢复。作为创伤性事件的目击者，目击性创伤也可能会增加运动员受伤的风险（Aron et al.，2019）。

四、对策

创伤后应激障碍在精英运动员中可能很常见。但由于其主观上可能存在的掩盖倾向，以及在训练环境中逐渐掌握的适应性行为等，则可能使运动员自身避免将相关症状表现出来（Chen et al.，2008），进而增加运动员创伤后应激障碍和症状识别工作的难度。精英运动员常用到的适应性行为有以下几种。

（一）分隔化（compartmentalization）

一种重要的日常策略，运动员用它来将训练与训练以外的其他方面分开，从而避免外部压力对运动表现的影响（Poucher & Tamminen，2017）。

（二）认知解离（dissociation）

一种适应性的、积极的心理技能，运动员利用这种技能来提高在高压力情境下的运动表现，常被耐力型运动员（Birrer & Morgan，2010）用于自身注意力的向外转移，从而减少对内部疼痛感和疲劳感的关注（Silva & Appelbaum，1989）。

（三）适应性完美主义（adaptive perfectionism）

被定义为从强烈的努力中获得满足感，并能容忍不满意的地方而不进行自我批评（Stoltz，Kevin，Ashby，2007）。

针对以上情况，心理健康工作人员有必要对患有创伤相关症状的运动员进行早期识别，包括急性应激障碍的症状，以防止其发展为创伤后应激障碍。对已经达到创伤后应激障碍临床标准的运动员进行积极且有效的治疗，可以改善其社会功能和运动表现。

此外，心理健康工作人员在初次接触患有创伤后应激障碍的运动员时，除了必要的评估外，还可以向运动员患者提供相关知识，让他们了解问题是什么以及如何治疗，并建议其接受治疗。注意不要将创伤后应激障碍与正常的应激反应混淆，避免在不存在症状的地方制造症状。如果心理障碍已经对运动员造成了严重的痛苦和损害，则应及时将其转介给合作医院的精神科医生，因为此时可能需要药物治疗或特定类型的心理治疗。与此同时，对于在训练中目击创伤性事件发生的运动员和教练员，心理健康工作人员也应及时跟进，避免因替代性或目击性的创伤而产生创伤相关症状。

五、实例

创伤后应激障碍

J是一名18岁体操男运动员，在一次团体决赛中，J在做跳马落地时意外踩空，导致右腿开放性骨折，这是J练体操以来受过最大的伤了，经过将近半年的恢复治疗J才重新站回跳马跑道，但恐惧像鬼魅一样一直“缠绕”着他……

以下是J的心理咨询记录改编节选（注：咨询师简称为“咨”，该运动员简称为“J”）。

咨：我听你的教练说，最近训练一直有一些问题是吗？

J：对，我的跳马。因为之前受过伤，训练时还是会有害怕的情况，教练说让我过来你们这儿聊聊。

咨：那次受伤情况是怎么样的？

J：去年的全国赛，当时跳马是我们倒数第二项，跳马是我的强项，一般我这一项的得分都能给团体用上的，那天不知道怎么回事，其实我现在对于那一刻的记忆有一段是空白的，只记得落地之后很痛很痛，骨头都出来了，挺吓人的，当时我脑子里想的是“完了！我分数用不上了”。之后我们队医就冲上来，教练也来了，还有其他工作人员。我就被固定好担架抬走了嘛。感觉挺丢人的，那么多观众。之后我听队友说自己还上了同城热搜，唉，还出名了。

咨：后面恢复得怎么样？

J：恢复了将近半年，去年11月吧才恢复训练，腿上留了挺长的疤，还挺难看的，医生说慢慢会变淡。

咨：去年11月到现在有半年了，是一直有害怕的情况吗？具体是怎么样的？

J：我之前也受过伤嘛，扭到或者拉伤，手指也骨折过，但这次这个伤确实很恐怖，很大的伤，可能这样对我影响比较大吧。我和教练本来也都觉得恢复训练一开始会有点害怕，不敢做很正常，但是已经半年了，我觉得自己越来越害怕，比刚恢复的时候更害怕了。我一站在那里根本集中不了注意力，脑子里想的全都是会踩空、会受伤那些事，担心发生恐怖的后果嘛，脑子一片乱，我就不敢做难度了。我也不是只有跳马，我的双杠也是，有一个难度动作也做不了，像被跳马的阴影传染了一样，我的双杠也不对劲了。我整个人会怕得手心出汗，还会发抖，我控制不了。

咨：这件事对你的生活造成了什么影响吗？

J：睡不好算吗？睡前会想很多事情，有点睡不着，想的就是训练不好嘛，怎么变成这样，要是那次没受伤指不定我已经是全国冠军了，现在什么都没有了，我连训练都练不了了，我都不知道这样下去该怎么办。有时候还会做梦哦，反复做那个梦，我又回到那个赛场，但是周围场景不太一样，大家都举着手机举着摄像机，对着我，其他队也不比赛了所有人都看着我准备做跳马，我知道自己如果做肯定会摔死摔伤，但是我只能做，比赛不能不比啊，然后我腾空之后就一下子惊醒了，满头都是汗，心跳很快，挺吓人的。除了睡觉其他我觉得还好，只要不想这些事就行，但是这些又动不动冒出来。

咨：你有想过怎么调节自己吗？

J：有过，我想了很多方法，我平时都尽量避开跳马相关的所有事情，不用练这一项的时候进训练馆都尽量离跳马远一点，像我之前比赛受伤的视频和图片网上都有的，有时候也有人来问我这个，我是压根儿一点不敢看的，也尽量不提这些，我也很抗拒，好像我变成一个胆小鬼了，有一回我们坐在一起看世锦赛视频，到跳马那一项我直接走开了。真的，我怎么变成这样了，之前这是我最擅长的项目，教练一直觉得我难度够，再完美一点肯定能拿全国冠军。队友说我这个都是心结了，应该找心理医生看。

稍后J被医院精神科诊断为创伤后应激障碍，在接受专业治疗后逐渐恢复了心理健康。

参考文献

[1] ARON C M, HARVEY S, HAINLINE B, et al. Post-traumatic stress disorder (PTSD) and other trauma-related mental disorders in elite athletes: a narrative review[J]. British journal of sports medicine, 2019, 53(12):779-784.

[2] BIRD S P. Sleep, recovery, and athletic performance: a brief review and recommendations [J]. Strength and conditioning journal, 2013, 35(5):43-47.

[3] BIRRER D, MORGAN G. Psychological skills training as a way to enhance an athlete's performance in high-intensity sports[J]. Scandinavian journal of medicine & science in sports, 2010, 20(2):78-87.

[4] CHEN L H, CHEN M Y, KEE Y H, et al. Relation of perfectionism with athletes' burnout: further examination[J]. Perceptual & motor skills, 2008, 106(3):811-820.

[5] FRALICK M, SY E, HASSAN A, et al. Association of concussion with the risk of suicide: a systematic review and meta-analysis[J]. JAMA neurology, 2019, 76(2): 144.

[6] SILVANA, GALDERISI, ANDREAS, et al. Toward a new definition of mental health[J]. World psychiatry, 2015, 14(2):231-233.

[7] GOLDING L, GILLINGHAM R G, PERERA N K P. The prevalence of depressive symptoms in high-performance athletes: a systematic review[J]. The physician and sportsmedicine, 2020, 48(5):1-12.

[8] HUANG Y, WANG Y, WANG H, et al. Prevalence of mental disorders in China: a cross-sectional epidemiological study[J]. The lancet psychiatry, 2019,6(3):211-224.

[9] VAN HEERINGEN K. The neuroscience of suicidal behavior[M]. NY: Cambridge University Press, 2018.

[10] KEYES, COREY L M. Mental illness and/or mental health? Investigating axioms of the complete state model of health[J]. Journal of consulting & clinical psychology, 2005, 73(3):539-548.

[11] KIRSCHEN G W, JONES J J, HALE L. The impact of sleep duration on performance among competitive athletes: a systematic literature review[J]. Clinical journal of sport medicine, 2020, 30(5): 503-512.

[12] LYNCH J .Posttraumatic stress disorder in elite athletes[J]. Current sports medicine reports, 2021, 20(12):645-650.

[13] MANCINE R P , GUSFA D W , MOSHREFI A ,et al. Prevalence of disordered eating in athletes categorized by emphasis on leanness and activity type - a systematic review[J]. Journal of eating disorders, 2020, 8(1):47.

[14] MHLITERACY. The inter-relationship of mental health states: language matters. YouTube [EB/OL]. (2017-09-23)[2023-03-12]. https://www.youtube.com/watch?v=LsowyMnqCRs.

[15] MOUNTJOY M, SUNDGOT-BORGEN J, BURKE L, et al. The IOC consensus statement: beyond the female athlete triad--relative energy deficiency in sport (RED-S) [J]. British journal of sports medicine, 2014, 48(7):491-497.

[16] POUCHER Z A, TAMMINEN K A. Maintaining and managing athletic identity among elite athletes[J]. Revista de psicologia del deporte, 2017,26:63-67.

[17] RAO A L. Suicide among athletes[M]. Routledge :Routledge Handbook of Athlete Welfare, 2020: 153-162.

[18] REARDON C L, HAINLINE B, ARON C M, et al. Mental health in elite athletes: international olympic consensus statement (2019)[J]. British journal of sports medicine, 2019, 53(11):667-699.

[19] SEKHON S, GUPTA V. Mood disorder[M]. Treasure Island, FL StatPearls Publishing, 2021.

[20] SILVA J M, APPELBAUM M I. Association−dissociation patterns of united states olympic marathon trial contestants[J]. Cognitive therapy & research, 1989, 13(2):185−192.

[21] STOLTZ KEVIN, ASHBY J S. Perfectionism and lifestyle: personality differences among adaptive perfectionists, maladaptive perfectionists, and nonperfectionists[J]. Ournal of individual psychology, 2007, 63(4):414−423.

[22] SUNDGOT−BORGEN J, MEYER N L, LOHMAN T G, et al. How to minimise the health risks to athletes who compete in weight−sensitive sports review and position statement on behalf of the ad hoc research working group on body composition, health and performance, under the auspices of the IOC medical commission[J]. British journal of sports medicine, 2013, 47(16):1012.

[23] TIMPKA T, SPRECO A, DAHLSTROM O, et al. Suicidal thoughts (ideation) among elite athletics (track and field) athletes: associations with sports participation, psychological resourcefulness and having been a victim of sexual and/or physical abuse[J]. British journal of sports medicine, 2021, 55(4):198−205.

[24] HEERINGEN K V. A few more questions for suicide prevention[J]. The lancet psychiatry, 2019, 6(6):454−455.

[25] WALSH N P , HALSON S L , SARGENT C , et al. Sleep and the athlete: narrative review and 2021 expert consensus recommendations[J]. British journal of sports medicine, 2021(7): 356−368

[26] WATERHOUSE J, ATKINSON G, EDWARDS B, et al. The role of a short post−lunch nap in improving cognitive, motor, and sprint performance in participants with partial sleep deprivation[J]. Journal of sports sciences, 2007, 25(14):1557−1566.

[27] WORLD HEALTH ORGANIZATION. World health statistics 2021[M]. World Health Organization, 2021.

[28] WORLD HEALTH ORGANIZATION. Promoting mental health: concepts, emerging evidence, practice [M]. World Health Organization, 2005.

[29] ZHANG H, JI J. Prevalence of mental disorders in China[J]. Lancet psychiatry, 2019,6(3):188−189.

[30] 中国睡眠研究会 . 2021 运动与睡眠白皮书 [EB/OL].(2021−03−18)[2023−03−12]. https：//www.derucci.com/upload/file/202103/36fad0de−96e6−478d−b38e−5e8d6032dddd.pdf.

[31] 廖鹏，龚大力，陈欣，等 . 优秀女子水球运动员备战重要国际比赛过程中睡眠模式的变化规律 [J]. 天津体育学院学报，2016，31（2）：131−136.

[32] Bilibili. 睡眠十律 [EB/OL].(2017−01−16)[2023−03−12]. https：//www.bilibili.com/video/BV1qs411h7RQ/.

[33] 石幼琪，周志宏，朱克俭，等 . 运动性失眠的流行病学调查和中医分型 [J]. 中国运动医学杂志，2004，23（3）：320−322.

[34] 程万良，夏园 . 这些年，我们对自杀的误解还少吗？ [EB/OL]. (2019)[2023−03−12].http：//www.wuhusy.com/news/?67_6923.html.

[35] 莫轶 . 专业运动员睡眠障碍相关因素分析 [J]. 基层医学论坛，2016，20（31）：4350−4351.

[36] 陆姣姣，邱俊 . 运动员睡眠评价方法的应用研究进展 [J]. 体育科研，2020，41（5）：81−92.

附录

附录 1　国际奥林匹克委员会（IOC）运动领域心理健康评估工具 1（SMHAT-1）（中文版）

运动员心理压力问卷（APSQ）

这些问题与你过去 30 天里的感受有关，请圈出最能准确描述你感受的答案。

问题	从来没有	偶尔如此	有时如此	大部分时间如此	总是如此
1. 和队友们一起相处对我来说是困难的	1	2	3	4	5
2. 我发现我难以做自己应该做的事情	1	2	3	4	5
3. 我没那么有动力了	1	2	3	4	5
4. 我容易被惹怒，生气或具有攻击性	1	2	3	4	5
5. 我无法停止对伤病或自身运动表现的担忧	1	2	3	4	5
6. 我发现训练的压力更大了	1	2	3	4	5
7. 我发现难以应对选拔的压力	1	2	3	4	5
8. 我担心退役后的生活	1	2	3	4	5
9. 我需要借助酒精或其他物质让自己放松	1	2	3	4	5
10. 我在运动领域以外承受了不一般的风险或压力	1	2	3	4	5

病人健康问卷（PHQ-9）

在过去 2 个星期，有多少时候你会受到以下任何问题的困扰？

问题	完全没有	几天	一半以上的天数	几乎每天
1. 做事时提不起劲或没有乐趣	0	1	2	3
2. 感到心情低落、沮丧或绝望	0	1	2	3
3. 入睡困难、睡不安稳或睡眠过多	0	1	2	3
4. 感觉疲倦或没有活力	0	1	2	3
5. 食欲不振或吃太多	0	1	2	3
6. 觉得自己很糟，或觉得自己很失败，或让自己或家人失望	0	1	2	3
7. 专注有困难，如阅读报纸或看电视时	0	1	2	3
8. 动作或说话速度缓慢到别人已经察觉，或正好相反，烦躁或坐立不安、动来动去的情况更胜于平常	0	1	2	3
9. 有不如死掉或用某种方式伤害自己的念头	0	1	2	3

广泛焦虑障碍量表（GAD-7）

在过去 2 个星期，有多少时候你受到以下任何问题的干扰？

问题	完全不会	几天	一半以上的天数	几乎每天
1. 感觉紧张、焦虑或急切	0	1	2	3
2. 不能够停止或控制担忧	0	1	2	3
3. 对各种各样的事情担忧过多	0	1	2	3
4. 很难放松下来	0	1	2	3
5. 由于不安而无法静坐	0	1	2	3

续表

问题	完全不会	几天	一半以上的天数	几乎每天
6. 变得容易烦恼或急躁	0	1	2	3
7. 感到似乎将有可怕的事情发生而害怕	0	1	2	3

运动员睡眠筛查问卷（ASSQ）

以下问题与你的睡眠习惯有关。请圈出你认为能代表你近期（如过去一个月）典型睡眠习惯的最佳答案。

1. 近期这段时间，你每天（包括午休）的实际睡眠时间为多少小时？（这可能与你在床上度过的时长不同。）

5 小时 < 睡眠时间 ≤ 6 小时	4
6 小时 < 睡眠时间 ≤ 7 小时	3
7 小时 < 睡眠时间 ≤ 8 小时	2
8 小时 < 睡眠时间 ≤ 9 小时	1
睡眠时间 >9 小时	0

2. 你对自己的睡眠质量有多满意或不满意？

非常满意	0
有些满意	1
既满意也不满意	2
有些不满意	3
非常不满意	4

3. 近期这段时间，你通常每晚需要多久才能入睡？

入睡时间 ≤ 15 分钟	0
15 分钟 < 入睡时间 ≤ 30 分钟	1

30 分钟 < 入睡时间 ≤ 60 分钟	2
入睡时间 >60 分钟	3

4. 你难以有安稳睡眠的频率是每周几天？

从不	0
每周 1 天或 2 天	1
每周 3 天或 4 天	2
每周 5 ~ 7 天	3

5. 近期，你有多少次通过服药来帮助自己睡眠（不含兴奋剂成分的处方或非处方药）？

从不	0
每周 1 次或 2 次	1
每周 3 次或 4 次	2
每周 5 ~ 7 次	3

运动员简明进食障碍问卷（BEDA-Q）

以下问题与你的饮食习惯以及你对食物、饮食、体重和身体形象的想法有关。在过去的 2 周里，你有多么频繁地被以下问题困扰过？请圈出最能代表你被困扰频繁程度的答案。

问题	总是	大部分时候	经常	有时候	很少	从不
1. 饮食过量后，我感到非常内疚	3	2	1	0	0	0
2. 我沉迷于变得更瘦的渴望之中	3	2	1	0	0	0
3. 我觉得我的胃口太大了	3	2	1	0	0	0
4. 我对自己的体型感到不满意	3	2	1	0	0	0

问题	总是	大部分时候	经常	有时候	很少	从不
5. 我父母一直期望我出类拔萃	3	2	1	0	0	0
6. 作为一个孩子，我很努力地避免让父母和老师失望	3	2	1	0	0	0
7. 目前你正在努力减体重吗？	是	否				
8. 你有尝试过减体重吗？	是	否				
9. 如果是，你已经尝试过多少次来减体重？	1 ~ 2次	3 ~ 5次	＞5次			

酒精使用障碍识别测试（AUDIT–C）

以下问题与酒精使用有关，请回答每个问题，在“0”到“4”之间圈出代表你酒精使用情况的数字。

1. 你多久喝一次含酒精的饮品？（如啤酒、葡萄酒、白酒）

从不	0
每月1次或更少	1
每月2 ~ 4次	2
每周2 ~ 3次	3
每周4次或4次以上	4

2. 当你喝酒时，一般一天会喝多少标准单位的含酒精饮品？

1 ~ 2	0
3 ~ 4	1
5 ~ 6	2
7 ~ 9	3
≥ 10	4

注：单位换算见酒精单位参照表，如1小罐啤酒所含的酒精单位为1。

3. 你多久会一次喝含 6 个或以上标准单位的含酒精饮品？

从不	0
每月不超过 1 次	1
每月 1 次	2
每周 1 次	3
每天或者几乎每天	4

注：单位换算见酒精单位参照表，如 1 小罐啤酒所含的酒精单位为 1。

酒精单位参照表

饮品类型	酒精含量 / %	常见容器容量	酒精单位
啤酒	5	330 毫升（小罐装）	1 / 罐
		500 毫升（大罐装）	2 / 罐
红酒、白葡萄酒、香槟、汽酒	12	750 毫升	7 / 瓶
梅酒、日本清酒	15	300 毫升	4 / 瓶
加度葡萄酒（雪利、砵酒）	15 ~ 20	750 毫升	11 / 瓶
花雕酒、糯米酒	18	50 毫升（1 两）	1 / 两
烈酒（威士忌、白兰地、伏特加等）	40	30 毫升（酒吧杯）	1 / 杯
白酒	52	50 毫升（1 两）	2 / 两

减药、因批评而恼怒、内疚感和含有药物的助醒物（CAGE-AID）

以下问题与过去 3 个月里的药物使用有关，请圈出“是”或“否”来回答每个问题。当想到药物使用时，请考虑合法的或非法的药物（如大麻或摇头丸），以及通过非处方使用方式使用的处方药（如更高的剂量；不同的服用方式，如压碎或吸食、注射）。这里说的药物并不包含酒精。

问题	是	否
1. 在过去 3 个月里，你是否使用过药物？	0	答题结束

问题	是	否
2. 在过去 3 个月里，你是否觉得应该减少或停止使用药物？	1	0
3. 在过去 3 个月里，是否因有人告诉你要减少或停止使用药物而令你烦扰或紧张？	1	0
4. 在过去 3 个月里，你是否对自己使用药物的数量感到内疚或懊悔？	1	0
5. 在过去 3 个月里，你是否会醒来就想使用药物？	1	0

在过去的 3 个月里，下列哪种药物或物质在你的生活中引起了困扰？例如，与药物相关的压力、抑郁、失眠、经济紧张、人际关系冲突、大量或过量使用、医疗问题（如肝炎、癫痫发作）或体重下降。请勾出所有适用的选项（若不认识、不知道的选项可以忽略）

□ 没有	□ 产生兴奋药物 / 物质——尼古丁	□ 致幻剂（迷幻剂、菇类）
□ 大麻类——大麻	□ 产生兴奋药物 / 物质——粉状可卡因	□ 吸入剂（挥发性溶剂）
□ 大麻类——大麻精油	□ 产生兴奋药物 / 物质——快客可卡因	□ 鸦片类——海洛因
□ 大麻类——食用大麻	□ 产生兴奋药物 / 物质——甲基安非他命（甲基）	□ 鸦片类——鸦片
□ 大麻类——合成化学毒品（俗称 K2 或 Spice）（如羟考酮、氢可酮）	□ 产生兴奋药物 / 物质——哌醋甲酯（ADD/ADHD 药物）	□ 鸦片类——止痛药
□ 俱乐部药物（亚甲二氧甲基苯丙胺 - 摇头丸、迷奸药）	□ 产生兴奋药物 / 物质——安非他命盐（ADD/ADHD 药物）	□ 合成卡西酮（浴盐）
□ 产生兴奋药物 / 物质——咖啡因	□ 解离性药物（氯胺酮、五氯苯酚）	□ 其他（请具体说明）

中文版心理健康评估工具分数汇总表

问卷	总分
运动员心理压力问卷（APSQ）	各条目得分相加之和 =

问卷	总分
病人健康问卷（PHQ-9）	各条目得分相加之和 =
广泛焦虑障碍量表（GAD-7）	各条目得分相加之和 =
运动员睡眠筛查问卷（ASSQ）	各条目得分相加之和 =
运动员简明进食障碍问卷（BEDA-Q）	IOC 推荐条目 1 至条目 6 得分相加之和 = 本书推荐选择条目 1 至条目 4 得分相加之和 =
酒精使用障碍识别测试（AUDIT-C）	各条目得分相加之和 =
减药、因批评而恼怒、内疚感和含有药物的助醒物（CAGE-AID）	各条目得分相加之和 =

计分方法：

以上 7 份问卷（量表、测试）均为正向计分，总分为各个条目得分之和，得分越高表明特定心理问题越严重。

注：关于评估工具的使用方法，本书在具体实施上并未采用国际奥组委推荐的先分流（APSQ）、后评估特定心理障碍的顺序，而是在实践经验的基础上采用 APSQ、PHQ-9、GAD-7、ASSQ、BEDA-Q 5 份问卷同时施测。具体评估流程及其相关临界值见本书“运动员心理健康常规性筛查”。

附录 2　运动员心盛量表及其计分方法[1]

运动员心盛量表

下面有 8 个句子，描述了运动员在日常训练和生活中的认知与感受，请你结合自身体验，选择 1 ~ 7 来表示你对每个句子的同意程度。

问题	强烈不同意	不同意	有点不同意	既同意也不同意	有点同意	同意	强烈同意
1. 我过着有目标、有意义的生活	1	2	3	4	5	6	7
2. 我的社会关系对我有支持性且我能从中受益	1	2	3	4	5	6	7
3. 我对日常活动（包括运动方面）有兴趣且投入	1	2	3	4	5	6	7
4. 我积极为他人的快乐和幸福作贡献	1	2	3	4	5	6	7
5. 我有能力做对我很重要的事情	1	2	3	4	5	6	7
6. 我是一个不错的人并过着一种不错的生活	1	2	3	4	5	6	7
7. 我对自己的未来感到乐观	1	2	3	4	5	6	7
8. 人们尊重我	1	2	3	4	5	6	7

计分方法：

各条目均为正向计分，总分为各个条目得分之和，分数范围 8 ~ 56 分，得分越高表明心盛程度越高。

[1] 问卷中文版由本研究团队翻译并进行信效度检验，研究结果尚待发表。

附录 3 多元心理健康素养问卷（中文版）及其计分方法[1]

多元心理健康素养问卷（中文版）

本次调查活动意在了解你对心理健康各方面的看法。回答没有对错之分，请你真实作答。调查结果将会被严格保密。如需获取，可在结尾留下你的联系方式，我们会尽快联系你！感谢你的配合！（由于问卷测量中涉及知识性内容，如果你不了解或从未学习过某问题所涉及的内容，可选择“不知道”选项。）

问题	非常不同意	不同意	中立	同意	非常同意	不知道
K1. 心理咨询是治疗抑郁症的有效方法						
K2. 有精神分裂症的人可能会看到一些并不真正存在的事物						
K3. 心理疾病的早期诊断可以提高恢复的机会						
K4. 参加同伴支持小组治疗有助于心理疾病的恢复						
K5. 无法解释的身体疼痛或疲劳可能是抑郁症的征兆						
K6. 认知行为疗法可以改变一个人对于压力的思考和应对方式						
K7. 有躁郁症（又称双相情绪障碍）的人会表现出情绪的急剧变化						
K8. 服用处方药是治疗心理疾病的有效方法						
K9. 喝酒会使心理疾病的症状恶化						
K10. 心理疾病患者可以在社区环境中接受心理治疗						

[1] 王翔 . 心理健康素养和专业心理求助污名对中国精英运动员心理求助态度的影响 [D]. 武汉：武汉体育学院，2021.

续表

问题	非常不同意	不同意	中立	同意	非常同意	不知道
K11. 有焦虑症的人会过度地焦虑或害怕						
B1. 有坚定信仰或精神追求的人不会得心理疾病						
B2. 抑郁是一个人软弱的标志						
B3. 心理疾病是一个短期的疾病						
B4. 心理疾病的恢复主要取决于运气或命运						
B5. 有抑郁症的人不应该被询问是否有自杀的想法						
B6. 心理疾病即使不治疗，过一段时间也会好转						
B7. 心理疾病的症状一旦消失，就等于完全治愈了						
B8. 有强迫症的人只要自己想停止，就能摆脱自己的强迫行为						
B9. 有抑郁症的人可以在不治疗的情况下自己好转						

题目	是	否
R1. 我知道去哪里获得心理健康服务		
R2. 我知道从哪里获得关于心理疾病的有用信息		
R3. 我知道怎样查到自杀干预热线的电话号码		
R4. 我知道如何联系到所在地区的心理诊所或其他心理健康咨询机构		

计分方法：

问卷共包括三个维度，即心理健康知识维度（K1 ~ K11）、信念维度（B1 ~ B9）、资源维度（R1 ~ R4）。

（1）心理健康知识维度。

正向题目，二分法计分，选“非常同意”或“同意”时计 1 分；其他选项计 0 分。

（2）信念维度。

反向题目，二分法计分，选“非常不同意”或“不同意”时计 1 分；其他选项计 0 分。

（3）资源维度。

是非题，选择“是”计 1 分；“否”计 0 分。

总分为各个条目得分之和，分数范围介于 0 ～ 24 分，得分越高表明心理健康素养水平越高。

附录 4　运动领域心理健康评估工具 1（SMHAT-1）、运动员心盛量表及多元心理健康素养问卷（中文版）的中国运动员群体信效度检验结果

问卷	条目数量	总分范围	被试与样本量	信度	效度
运动员心理压力问卷（APSQ）	10	10 ~ 50	520 名省级训练基地运动员	内部一致性系数：0.883	模型拟合指数：RMSEA=0.085，GFI=0.952，IFI=0.948，TLI=0.922
病人健康问卷（PHQ-9）	9	0 ~ 27	520 名省级训练基地运动员	内部一致性系数：0.894	模型拟合指数：RMSEA=0.097，GFI=0.935，IFI=0.939，TLI=0.918
广泛焦虑障碍量表（GAD-7）	7	0 ~ 21	520 名省级训练基地运动员	内部一致性系数：0.93	模型拟合指数：RMSEA=0.094，GFI=0.957，IFI=0.976，TLI=0.963
运动员睡眠筛查问卷（ASSQ）	5	0 ~ 17	520 名省级训练基地运动员	内部一致性系数：0.668	模型拟合指数：RMSEA=0.034，GFI=0.996，IFI=0.996，TLI=0.989
运动员简明进食障碍问卷（BEDA-Q）	9	前 6 题：0 ~ 18 前 4 题：0 ~ 12	520 名省级训练基地运动员	内部一致性系数：0.723	模型拟合指数：RMSEA=0.044，GFI=0.995，IFI=0.996，TLI=0.984
酒精使用障碍识别测试（AUDIT-C）	3	0 ~ 12	834 名省级训练基地运动员	内部一致性系数：0.769	模型拟合指数：GFI=1，IFI=1

问卷	条目数量	总分范围	被试与样本量	信度	效度
减药、因批评而恼怒、内疚感和含有药物的助醒物（CAGE-AID）	5	0 ~ 4	834 名省级训练基地运动员	内部一致性系数：0.680	模型拟合指数：RMSEA=0，GFI=1，IFI=1，TLI=1
运动员心盛量表	8	8 ~ 56	320 名省级训练基地运动员	内部一致性系数：0.945 间隔 4 周重测信度：0.773	模型拟合指数：RMSEA=0.126，GFI=0.953，IFI=0.953，TLI=0.934
多元心理健康素养问卷（中文版）	24	0 ~ 24	320 名省级训练基地运动员	内部一致性系数：0.851 间隔 4 周重测信度：0.692	模型拟合指数：RMSEA=0.038，CFI=0.955，TLI=0.950 聚敛效度（AVE）：0.387 ~ 0.733 区别效度：各维度的 AVE 开根号值要均高于所有与该维度的相关系数

附录 5　访谈个案基本情况登记表

运动员访谈前资料

日期：______	姓名：___	性别：___	年龄：___	项目：___	受教育程度：____
咨询师 1：__________________			咨询师 2：__________________		

APSQ 得分	ASSQ 得分	BEDA-Q 得分	GAD-7 得分	PHQ-9 得分

APSQ 中＞ 3 分的条目：
ASSQ 中≥ 2 分的条目：
BEDA-Q 中≥ 2 分的条目：
GAD-7 中≥ 2 分的条目：
PHQ-9 中≥ 2 分的条目：
其他必要情况补充（从教练员或其他工作人员处提前获悉）：

附录 6　运动员访谈记录表

姓名：________	项目：________	咨询师：________

步骤提示：

步骤 1　开场

1. 介绍本次心理健康筛查的意义。

2. “为了更准确了解与评估你的心理健康情况，所以由两名咨询师共同完成访谈”，如抗拒，可追问“单独一名咨询师怎么样？”

3. 说明保密情况，之后给队伍的反馈结果会经过运动员本人的同意。

步骤 2　评估严重程度（评分）

咨询师根据不同维度对运动员的行为（训练）和情绪影响程度进行评分。除所列维度外，咨询师还可根据所使用的问卷（如 SCL−90 评分维度）评分结果及咨询过程中的信息自行增加评估维度（诊断要点仅做参考）。

评估维度	诊断要点	这对你的训练有多大影响？		这对你的情绪有多大影响？	
		咨询师评分（1 ~ 5）	运动员自评（1 ~ 5）	咨询师评分（1 ~ 5）	运动员自评（1 ~ 5）
抑郁	睡眠 / 饮食 / 活力 / 心境 / 自杀意愿……				
睡眠	睡眠情况 / 症状持续时间 / 主观痛苦程度				
人际关系	和教练员、队友关系				
进食障碍	控制不住暴食 / 催吐 / 厌食 / 过度运动，伴不合理认知				
训练环境	训练压力、比赛任务				

续表

评估维度	诊断要点	这对你的训练有多大影响？		这对你的情绪有多大影响？	
		咨询师评分（1 ~ 5）	运动员自评（1 ~ 5）	咨询师评分（1 ~ 5）	运动员自评（1 ~ 5）
运动损伤					

步骤 3　询问原因

问题 1：你认为出现的原因是什么？（环境 / 个人）

问题 2：你想过寻求帮助吗？为什么？

步骤 4　评估建议

1. 使用“√”选择合适的建议：				
（ ） 转介就医	（ ） 心理咨询	（ ） 心理训练	（ ） 职业生涯规划咨询	（ ） 其他：___
2. 是否建议加测问卷（打“√”标记）：				
（ ） 否	（ ） SDS	（ ） SAS	（ ） 强迫量表	（ ） 其他：___

3. 运动员心理健康风险评估（打“√”标记）：		
（ ） 高度心理健康风险 （建议就医）	（ ） 中度心理健康风险 （跟踪 4 周）	（ ） 轻度心理健康风险 （不定期回访）

附录 7　精英运动员心理健康：国际奥林匹克委员会共识声明（2019）[1]

（免费获取全文）

[1] 全文于 2019 年刊发在英国运动医学杂志中文版 12 月刊。

附录 8　国际奥林匹克委员会（IOC）运动领域心理健康评估工具 1（SMHAT-1）和运动领域心理健康识别工具 1（SMHRT-1）：更好地支持运动员心理健康

（免费获取全文）